Estudiando español

Línea dos

Grammatisches Beiheft
von

Javier Navarro González

Ernst Klett Verlag
Stuttgart Düsseldorf Leipzig

Inhaltsverzeichnis

Unidad 6 A

Unidad 6 B

Unidad 1A

§ 1 Der Superlativ der Adjektive
El superlativo de los adjetivos

El Teide es **el** pico **más *alto*** de España.
Der Teide ist der ***höchste*** Berg Spaniens.
En esta región están **las** playas **menos *interesantes*.** In dieser Gegend befinden sich die **am wenigsten *interessanten*** Strände.
Las playas del sur son **las más *bonitas*.**
Die Strände im Süden sind **die *schönsten*.**

Los **peores** lugares en verano son Granadilla y Sevilla. Die **schlimmsten** Orte im Sommer sind Granadilla und Sevilla.

Maribel es **mi mejor** amiga.
Maribel ist **meine beste** Freundin.
Lleva **su** jersey **más *caro*.**
Er/sie trägt **seinen/ihren teuersten** Pullover.

Der Superlativ der Adjektive wird aus dem bestimmten Artikel sowie *más* (für den höchsten Grad) bzw. *menos* (für den niedrigsten Grad) + Adjektiv gebildet:

best. Artikel + (Substantiv +) **más / menos** + **Adjektiv**

Bei vorangestelltem Adjektiv steht die gesamte Superlativform vor dem Substantiv.

Anstelle des Artikels kann auch ein Possessivbegleiter stehen.

➡ Wie beim Komparativ gibt es einige unregelmäßige Formen:
bueno → mejor; malo → peor

§ 2 Relativsätze mit lo que
Oraciones de relativo con lo que

Relativsätze mit *lo que* beziehen sich im Gegensatz zu Relativsätzen mit *que* nicht auf ein Nomen im übergeordneten Satz (vgl. I § 54).

En junio me saqué el carnet de moto, **lo que** no fue fácil. Im Juni machte ich den Motorradführerschein, **was** nicht leicht war.
Fuimos a ver los molinos, **lo que** me gustó.
Wir besuchten die Mühlen, **was** mir gut gefiel.

Lo que uno promete es deuda.
Was man verspricht, muss man auch halten.
Hablamos de **lo que** pasó.
Wir sprachen über **das, was** geschehen ist.

Es verdad **todo lo que** dijo Kim.
Alles, was Kim gesagt hat, ist wahr.

Sie können sich auf einen vorangehenden Satz beziehen und dessen Inhalt kommentieren oder ergänzen. Sie werden dann mit Komma abgetrennt. Im Deutschen benutzt man hier Relativsätze mit *was*.

Sie können auch Objekt oder Subjekt des übergeordneten Satzes sein und entsprechen dann deutschen Nebensätzen mit *was* oder *das, was*. Solche Relativsätze werden im Spanischen nicht mit Komma abgetrennt. Vor *lo que* kann bei diesen Sätzen *todo* stehen.

§ 3 Einige unregelmäßige Verben
Algunos verbos irregulares

decir sagen		**querer** wollen/lieben	
dije	dijimos	quise	quisimos
dijiste	dijisteis	quisiste	quisisteis
dijo	dijeron	quiso	quisieron

Wie eine Reihe von anderen Verben haben *decir* und *querer* für das *pretérito indefinido* einen eigenen Stamm. Die Endungen sind dieselben wie bei anderen unregelmäßigen Verben der 2. und 3. Konjugation (s. I § 83).

reír lachen	
río	reímos
ríes	reís
ríe	ríen
reí	reímos
reíste	reísteis
rió	rieron

Reír wird im Präsens konjugiert wie die Gruppenverben mit Vokaländerung von *-e-* zu *-i-* (vgl. I § 58). Zur Erhaltung der Betonung trägt das *i* – wie der Infinitiv – in allen Formen einen Akzent.

Wie die übrigen Verben dieser Gruppe (vgl. I § 82, 2.) ändert *reír* im *pretérito indefinido* in der 3. Person den Vokal *-e-* zu *-i-*. In den anderen Personen sind *re* + *i-* zwei Silben; das *-i-* erhält daher einen Akzent.

§ 4 Reale Bedingungssätze der Gegenwart
Oraciones condicionales de indicativo en el presente

Bedingungssätze bestehen aus einem Nebensatz, der mit *si* eingeleitet wird, und einem Hauptsatz. Der Nebensatz nennt eine Bedingung (wenn), von der das im Hauptsatz genannte Ereignis abhängt (dann).

Si tienes unas pelillas, ¿por qué no te pasas? **Wenn** du etwas Geld hast, warum kommst du nicht vorbei?
Llama **si** te apetece. Ruf an, **wenn** du Lust (dazu) hast.
Si vienes, te vamos a buscar a Toledo. **Wenn** du kommst, holen wir dich in Toledo ab.

Wenn die Bedingung für erfüllbar gehalten wird (oder keine Aussage über die Erfüllbarkeit beabsichtigt ist), steht der *si*-Satz im Indikativ Präsens. Im Hauptsatz kann Präsens, Imperativ oder Futur (*ir a*) stehen. Steht der Nebensatz vor dem Hauptsatz, werden beide Sätze durch Komma getrennt.

➡ Wenn *si* „ob“ bedeutet, können auch im *si*-Satz andere Formen als der Indikativ Präsens (z. B. Futur) stehen.
Me pregunto si va a llamar. Ich frage mich, ob er/sie anrufen wird.

§ 5 Das redundante Personalpronomen
El pronombre personal redundante

Das indirekte Objekt muss im Spanischen durch ein unbetontes Personalpronomen vorweggenommen oder wieder aufgegriffen werden, wenn das indirekte Objekt

A Rosaura *le* gustó la película.
Rosaura gefiel der Film.

– ein Nomen ist und vor dem Verb steht

En general no escribo a nadie, pero **a ti *te*** prometí una postal.
Normalerweise schreibe ich niemandem, aber **dir** habe ich eine Postkarte versprochen.

– ein betontes Personalpronomen ist.

➡ Die Verwendung des betonten Personalpronomens wirkt als Hervorhebung.

(***Les***) puedo preguntar **a mis padres**.
Ich kann **meine Eltern** fragen.
El profesor (***le***) propuso **a la clase** una excursión.
Der Lehrer schlug **der Klasse** einen Ausflug vor.

Wenn das indirekte Objekt ein Nomen ist und auf das Verb folgt, wird es meist ebenfalls zusätzlich durch ein Personalpronomen verdoppelt; dieses kann aber auch fehlen.

§ 6 Der reflexive Gebrauch nicht-reflexiver Verben

El uso reflexivo de verbos no reflexivos

Wie du schon weißt, gibt es im Spanischen Verben, die eine andere Bedeutung haben, wenn sie reflexiv gebraucht werden, z. B. *llamar/llamarse, cambiar/cambiarse.*

> **Nos reímos** un montón. Wir haben unheimlich viel gelacht/uns unheimlich gut amüsiert.
> Cuando Jaime cuenta sus historias, hay que **reír**. Wenn Jaime seine Geschichten erzählt, muss man einfach lachen.
> ¿Por qué no **te pasas**? Warum kommst du nicht 'mal vorbei?
> Sonia **pasó** para traerme los apuntes. Sonia kam vorbei, um mir die Notizen zu bringen.
> El niño **se comió** toda la tarta. Das Kind hat den ganzen Kuchen **aufgegessen**.

Viele andere Verben können sowohl nicht-reflexiv als auch reflexiv gebraucht werden, ohne dass sich die Bedeutung wesentlich ändert.
Diese „spontane Reflexivierung“ ist im gesprochenen Spanisch sehr häufig. Sie bewirkt meist eine Verstärkung der Aussage, die im Deutschen mit anderen Mitteln ausgedrückt wird, z. B. Adverb oder verstärkendes Präfix. (Manchmal kann man sie im Deutschen auch gar nicht wiedergeben.)

➥ Wie im Deutschen wird die reflexive Form auch gebraucht, wenn eine Handlung sich auf das Subjekt selbst bezieht, oder wenn mehrere Subjekte aufeinander einwirken:

Juan **pregunta** *a Eva* si va a ir a la fiesta.
Juan fragt Sonia, ob sie zu dem Fest geht.
Maribel **mira** *a su amiga*.
Maribel schaut ihre Freundin an.

Sonia ***se* pregunta** si va a ir a la fiesta.
Sonia fragt sich, ob sie zu dem Fest geht.
Maribel y su amiga ***se* miran**.
Maribel und ihre Freundin schauen sich/einander an.

Unidad 1B

§ 7 Passiversatz durch Reflexivkonstruktion

La pasiva refleja

Im Spanischen wird häufig eine reflexive Konstruktion ansonsten nicht reflexiver Verben dazu verwendet, eine Handlung zu beschreiben, deren Urheber man nicht kennt oder den man nicht nennen will. Diese Konstruktion entspricht

> En el periódico de hoy ***se* ofrece** un trabajo interesante. In der heutigen Zeitung **wird** eine interessante Arbeit **angeboten.**
> Es estupendo encontrar a amigos cuando ***se* está** en el extranjero. Es ist toll, Freunde zu treffen, wenn **man** im Ausland **ist**.

– einem deutschen Passivsatz

– einem Satz mit *man* als Subjekt

Los cambios ***se* notan**. **Man bemerkt** die Veränderungen. Así ***se* gana** más dinero. So **verdient man** mehr Geld. Así ***se* dice**. So **sagt man**. (= Es wird so gesagt.)

Das Verb richtet sich dabei nach dem Nomen, auf das es sich bezieht, egal ob dieses vor oder nach dem Verb steht. Sätze ohne erkennbares Subjekt stehen im Singular. (Sie haben ein neutrales Subjekt, z.B. es.)

➡ Ob ein Verb im Plural stehen muss, kannst du testen, indem du im Deutschen einen Passivsatz bildest (auch wenn dieser ungewöhnlich klingt), z. B. „Die Veränderungen werd<u>en</u> bemerkt."

Debe valorar**se**/**Se** debe valorar adecuadamente la capacidad del turismo de crear empleo. Man sollte die Fähigkeit des Tourismus, Arbeitsplätze zu schaffen, richtig einschätzen. Ahora están creándo**se**/**se** están creando nuevas iniciativas. Jetzt werden neue Initiativen geschaffen.

In Sätzen mit Hilfsverb kann das Reflexivpronomen vor dem Hilfsverb oder nach dem Infinitiv bzw. *gerundio* (und mit diesem zusammengeschrieben) stehen (vgl. I §§ 52, 73). Die zusammengesetzten Formen erhalten dabei einen Akzent, wenn dies zur Erhaltung der Betonung nötig ist.

§ 8 Verben mit Akzentverschiebung im Präsens

Verbos con cambio de acento en presente

continuar weitermachen	
contin<u>ú</u>o	continu<u>a</u>mos
contin<u>ú</u>as	continu<u>á</u>is
contin<u>ú</u>a	contin<u>ú</u>an

Bei einigen Verben auf *-uar* (und auch auf *-iar*) wird beim Präsens im Singular sowie in der 3. Person Plural das *u* (bzw. *i*) betont und erhält dann einen Akzent. (Bei diesen Verben ist im Vokabelteil des Schülerbuchs jeweils in Klammern die 1. Person Singular angegeben.)

➡ Diese Akzentverschiebung gilt auch für den Imperativ: ¡contin<u>ú</u>a!, aber: ¡continu<u>ad</u>!

§ 9 Die Grundzahlen ab 1 000 000 und Prozentzahlen

Los números cardinales a partir de 1.000.000 y los porcentajes

1.000.000	un millón
1.000.100	un millón cien/ciento
1.100.000	un millón cien mil
500.000.000	quinientos millones
1.000.000.000	mil millones, un millardo
2.000.000.000	dos mil millones
1.000.000.000.000	un billón

Millón, millardo und *billón* sind maskuline Substantive. *Millón* und *billón* verlieren im Plural den Akzent.
Nachfolgende Zahlen (Tausender, Hunderter, Zehner…) werden ohne Verbindungselement angehängt.
Die Bezeichnung *mil millones* ist gebräuchlicher als *un millardo.*

En el sector turístico existen **1,5** (uno coma cinco) **millones *de*** empleos. In der Touristikbranche gibt es 1,5 Mio. Arbeitsplätze. En 1995, **cincuenta y siete millones seiscientos mil** extranjeros visitaron España. 1995 besuchten 57 600 000 Ausländer Spanien. En 1990 vinieron sólo unos **cincuenta y dos millones cien mil** visitantes. 1990 kamen nur ungefähr 52 100 000 Besucher.

Folgt ein Substantiv direkt auf *millón/millones* (bzw. die anderen Substantiv-Zahlwörter), wird es mit *de* angeschlossen. Stehen danach weitere Zahlwörter, entfällt *de.*
Für diese Zahlen gelten in Bezug auf Veränderlichkeit und Formen die gleichen Regeln wie für die Zahlen unter 1 Million (vgl. I § 34).

Cientos *de* empleados en los hoteles Hunderte von Angestellten in den Hotels La estadística da los ingresos en **miles *de*** millones de pesetas. Die Statistik gibt die Einnahmen in Milliarden Peseten an.

Von *ciento* und *mil* gibt es eine Pluralform, die eine unbestimmte Menge von mehreren Hundert/Tausend bezeichnet. Sie schließen das Substantiv ebenfalls mit *de* an.

➡ Vergleiche: **unos cien** empleados
ungefähr hundert Angestellte

En 1995, **el/un** 16,52% (dieciséis coma cincuenta y dos **por ciento**) de los turistas en España fueron alemanes. 1995 waren 16,52% der Touristen in Spanien Deutsche. Su número ha aumentado **al/a un** 24,34% en 1998. Ihre Zahl ist 1998 auf 24,34% gestiegen. El número de visitantes ha subido **un** 30,1%. Die Zahl der Besucher ist um 30,1% gestiegen.

Im Spanischen muss vor Prozentzahlen immer ein Artikel stehen. Es kann der unbestimmte oder der bestimmte Artikel sein.

10 *Von einem Adjektiv abgeleitete Adverbien*
Adverbios derivados de un adjetivo

1. Bildung

Adjektiv	Adverb
una historia **triste** eine **traurige** Geschichte Estoy **triste.** Ich bin **traurig**.	Se miraron **tristemente.** Sie schauten sich **traurig** an.

Während im Deutschen Adjektive ohne Änderung der Form als Adverbien benutzt werden, bildet man Adverbien im Spanischen meistens mit *-mente.*

Adjektiv	Adverb
adecuado,-a	adecuadamente
claro, -a	claramente
probable	probablemente
ilegal	ilegalmente
feliz	felizmente
irónico, -a	irónicamente
difícil	difícilmente
bueno,-a	bien
malo,-a	mal

Die Endung *-mente* wird an die feminine Singularform des Adjektivs angehängt.

Adjektive, die für maskulin und feminin gleich sind, hängen die Endung an die gemeinsame Singular-Form an.

Wird das Adjektiv mit Akzent geschrieben, so behält auch das Adverb den Akzent.

➡ Zu *bueno,-a* und *malo,-a* gibt es Sonderformen: *bien* und *mal.*

Hay que buscar soluciones **ambiental, económica y turísticamente** interesantes. Man muss Lösungen suchen, die unter den Aspekten Umwelt, Wirtschaft und Tourismus interessant sind. Jorge me respondió **breve** e **irónicamente**. Jorge antwortete mir kurz und ironisch.

Wenn zwei oder mehr abgeleitete Adverbien nur durch ein Komma oder eine Konjunktion getrennt sind, behält in der Regel nur das letzte die Endung *-mente.*

2. Gebrauch

Ein Adverb benutzt man zur näheren Bestimmung

Vemos* claramente *los problemas ambientales. Wir sehen die Umweltprobleme deutlich.
Hay regiones que ***dependen* exlusivamente *del turismo.*** Es gibt Regionen, die ausschließlich vom Tourismus abhängig sind.

– eines Verbs und seiner Ergänzungen (mit Ausnahme bestimmter Verben, die ein Adjektiv nach sich haben, wie *ser* und *estar,* vgl. I §§ 10, 15, 46)

Eso es **verdaderamente *peligroso.*** Das ist wirklich gefährlich.

– eines Adjektivs

Hoy el grupo toca **especialmente *bien.*** Heute spielt die Gruppe besonders gut.

– eines anderen Adverbs

El turismo es* probablemente *la primera industria del mundo. Der Tourismus ist wahrscheinlich der wichtigste Industriezweig der Welt.

– eines ganzen Satzes

Im Spanischen werden häufig adverbiale Ausdrücke (bestehend aus einer Präposition und einem Substantiv) oder verbale Umschreibungen verwendet, wo im entsprechenden deutschen Satz ein Adverb stehen würde.

A largo plazo las regiones de vacaciones no pueden continuar esta actividad **con éxito**. **Langfristig** können die Ferienregionen diese Aktivität nicht **erfolgreich** fortsetzen.
Me **gustan** las uvas. Ich **mag** Trauben ***gerne***.

Weitere solche Ausdrücke und Verben sind:

a lo mejor	vielleicht
por desgracia	leider
sin embargo	jedoch
en parte	teilweise
claro que sí/no	selbstverständlich (nicht)
preferir algo/ a alguien	etw./jdn. lieber haben
de verdad	wirklich
al menos	mindestens
querer algo/a alguien	etw. /jdn. gern haben

§ 11 *Die Voranstellung von Adjektiven ohne Bedeutungsänderung*

La anteposición de los adjetivos sin cambio de significado

Wie du bereits gelernt hast, stehen Adjektive im Spanischen meist nach dem Substantiv. Manchmal können Adjektive aber auch vorangestellt werden. Dies ist der Fall

Gran parte de los empleos en el turismo es de carácter precario. Ein großer Teil der Stellen im Tourismus sind kurzfristiger Art.
¡Qué **buen** tiempo hace hoy! Was für schönes Wetter heute ist!

– bei kurzen und häufig gebrauchten Adjektiven wie *bueno, malo, grande.* Die vorangestellte Form von *grande* lautet im Singular immer *gran.* (Zur Verkürzung von *bueno* und *malo* vgl. I § 76.)

Ahora tenemos un **auténtico** problema. Jetzt haben wir ein echtes Problem.

– wenn das Adjektiv besonders betont werden soll oder

Sólo proponéis vuestras **conocidísimas** soluciones. Ihr schlagt nur eure allseits bekannten Lösungen vor.

– eine subjektive Wertung ausdrückt.

Unidad 1C

12 Der neutrale Artikel lo
El artículo neutro lo

Tenemos que intentar **lo imposible.** Wir müssen das Unmögliche versuchen. **Lo más conocido** puede ser aburrido. Das Bekannteste kann langweilig sein. **Lo primero** que hay que hacer ... Das Erste, was zu tun ist ... **Lo bueno** *de la situación* es ... Das Gute an der Situation ist ...

Der neutrale Artikel *lo* wird zur Substantivierung von Adjektiven (auch ihrer Steigerungsformen) verwendet.
Die Nominalgruppe *lo* + Adjektiv kann im Satz alle Funktionen einnehmen, die auch ein Substantiv haben kann.
Sie kann durch eine Ergänzung mit *de* näher bestimmt werden.

➡ Diese substantivierten Formen sind Abstrakta; sie haben keinen Plural.

13 Die Formen des subjuntivo Präsens
Las formas del presente de subjuntivo

Der *subjuntivo* ist im Spanischen neben dem Indikativ und dem Imperativ ein dritter wichtiger Modus (Aussageweise).

1. Regelmäßige Formen

	hablar	comer	vivir	ver	ofrecer	salir
Indikativ	hablo	como	vivo	veo	ofrezco	salgo
Está bien que	habl**e** habl**es** habl**e** habl**emos** habl**éis** habl**en**	com**a** com**as** com**a** com**amos** com**áis** com**an**	viv**a** viv**as** viv**a** viv**amos** viv**áis** viv**an**	ve**a** ve**as** ve**a** ve**amos** ve**áis** ve**an**	ofrezc**a** ofrezc**as** ofrezc**a** ofrezc**amos** ofrezc**áis** ofrezc**an**	salg**a** salg**as** salg**a** salg**amos** salg**áis** salg**an**

Die Formen des *presente de subjuntivo* werden von der 1. Person Singular des Indikativ Präsens abgeleitet. An deren Stamm werden die Endungen des *presente de subjuntivo* angehängt. Diese Endungen werden in der 1. Konjugation mit dem Kennvokal *e* gebildet, in der 2. und 3. Konjugation mit *a*.

2. Veränderungen der Schreibung

sacar: sa**co** → que sa**que**, que sa**que**mos ... pagar: pa**go** → que pa**gue**, que pa**gue**mos ... empezar: empie**zo** → que empie**ce** ...
reír: río → que ría, que rías, que rían **aber**: que riamos, que riáis estar: estoy → que esté, que estés, que estén **aber**: que estemos

Bei manchen Verben wird die Schreibung verändert, damit die Aussprache erhalten bleibt (vgl. auch I §§ 44 und 77).

Dies kann auch die Betonung und damit die Akzente betreffen.

3. Besonderheiten der Gruppenverben

querer	poder	jugar	continuar
quiero	puedo	juego	continúo
que quiera	que pueda	que juegue	que continúe
que quieras	que puedas	que juegues	que continúes
que quiera	que pueda	que juegue	que continúe
que queramos	que podamos	que juguemos	que continuemos
que queráis	que podáis	que juguéis	que continuéis
que quieran	que puedan	que jueguen	que continúen

Die Gruppenverben mit Diphthongierung (*e* → *ie*, *o* → *ue*, *u* → *ue*) der 1. und 2. Konjugation sowie Verben mit Akzentwechsel behalten die Stammänderung wie im Indikativ bei.

preferir	dormir
prefiero	duermo
que prefiera	que duerma
que prefieras	que duermas
que prefiera	que duerma
que prefiramos	que durmamos
que prefiráis	que durmáis
que prefieran	que duerman

Die Verben auf *-ir* mit Diphthongierung von *e* → *ie* und *o* → *ue* behalten ebenfalls die Diphthongierung wie im Indikativ bei; sie bilden aber die 1. und 2. Person Plural mit *i* bzw. *u*. Diese Verben sind im Vokabular des Schülerbuchs mit (-ie-, -i-) bzw. (-ue-, -u-) gekennzeichnet. Weitere solche Verben sind *sentir(se), divertirse, morir.*

tener	pedir
tengo	pido
que tenga	que pida
que tengas	que pidas
que tenga	que pida
que tengamos	que pidamos
que tengáis	que pidáis
que tengan	que pidan

Verben, die sowohl eine Diphthongierung als auch ein *-g-* in der 1. Person Singular aufweisen (*tener, venir*), verhalten sich regelmäßig, d. h. sie behalten den Stamm der 1. Person Singular in allen Formen bei.

Ebenfalls regelmäßig verhalten sich die Verben mit Vokalwechsel von *e* → *i* (z. B. *pedir, repetir, seguir*).

4. Unregelmäßige Formen

ser	saber	haber
que sea	que sepa	que haya
que seas	que sepas	que hayas
que sea	que sepa	que haya
que seamos	que sepamos	que hayamos
que seáis	que sepáis	que hayáis
que sean	que sepan	que hayan

Einige Verben haben einen eigenen Stamm für den *subjuntivo*.

➡ Auch der *subjuntivo* von *hay* lautet *haya.*

➡ Alle beim *subjuntivo* auftretenden Unregelmäßigkeiten betreffen nur den Stamm. Die Endungen sind immer regelmäßig.

14 Der <u>subjuntivo</u> nach Verben des Empfindens, Urteilens und Meinens
El subjuntivo con verbos de sentimiento, juicio y opinión

1. Der *subjuntivo* nach Verben des Empfindens und Urteilens

Me molesta que los turistas no **sepan** un poco de español. Es stört mich, dass die Touristen nicht einmal ein bisschen Spanisch können.
Tengo miedo de que **perdamos** nuestras costumbres. Ich habe Angst, dass wir unsere Bräuche verlieren.
Es normal que **disfruten** del sol. Es ist normal, dass sie die Sonne genießen.
Es importante que **hagamos** esfuerzos. Wichtig ist, dass wir uns anstrengen.

Der *subjuntivo* wird in Nebensätzen mit *que* verwendet, wenn das Verb des Hauptsatzes eine gefühlsmäßige Reaktion oder ein persönliches Urteil ausdrückt.
Die Tatsache oder Meinung, auf die wertend oder gefühlsmäßig reagiert wird, steht im Nebensatz im *subjuntivo*. Sie beinhaltet keine neue Information, sondern wurde vorher genannt oder wird als bekannt vorausgesetzt.

Zu den Verben des Empfindens und Urteilens, die den *subjuntivo* auslösen, gehören:

molestar (a alguien) que	jdn. stören, ärgern
tener miedo de que	Angst haben
preocupar (a alguien) que	jdn. beunruhigen
gustar (a alguien) que	jdm. gefallen
alegrarse de que	sich freuen
interesar (a alguien) que	jdn. interessieren
importar (a alguien) que	jdm. wichtig sein
parecer bien/mal (a alguien) que	gut/schlecht finden
está bien/mal que	es ist gut/schlecht

➡ Haben Haupt- und Nebensatz das gleiche Subjekt, steht statt des *que*-Satzes ein Infinitiv.

Me alegro de vivir en Mallorca.
Ich freue mich, dass ich auf Mallorca lebe.

es + wertendes Adjektiv, z. B.

es	normal que	es ist	normal
	natural que		natürlich
	lógico que		logisch
	(in)justo que		(un)gerecht
	triste que		traurig
	importante que		wichtig
	bueno/malo que		gut/schlecht
	mejor que		besser
	estupendo que		toll
	increíble que		unglaublich
	raro que		seltsam

estar + Adjektiv, das Gefühle ausdrückt, z. B.

estar	triste de que	traurig sein
	satisfecho de que	zufrieden sein
	contento de que	zufrieden sein

➡ Statt *es* + Adjektiv kann auch *parecer a alguien* + Adjektiv stehen.

Nos parece injusto que la gente piense eso de todos. Es scheint uns ungerecht, dass die Leute das von allen denken.

A los alemanes les gusta Mallorca. Me parece natural, **porque** es una isla preciosa. Den Deutschen gefällt Mallorca. Das scheint mir nur natürlich, weil es eine sehr schöne Insel ist.
No importa **lo que** piensan los otros. Es ist nicht wichtig, was die anderen denken.

Der *subjuntivo* steht bei diesen Verben und Ausdrücken nur, wenn der Nebensatz mit der Konjunktion *que* (auch Präposition + *que*) eingeleitet wird, nicht bei anderen Konjunktionen.

2. Der *subjuntivo* nach Verben der Meinungsäußerung

Creo que gente que conoce varias culturas **es** el futuro de Europa. Ich glaube, dass Leute, die mehrere Kulturen kennen, die Zukunft Europas sind.
Pero ***no creo que*** todos los turistas **quieran** conocer la vida española. Aber ich glaube nicht, dass alle Touristen das spanische Leben kennenlernen wollen.
Es verdad que **hay** muchos alemanes en Mallorca. Es ist wahr, dass es in Mallorca viele Deutsche gibt.
No es verdad que a todos no les **interese** la cultura de la isla. Es ist nicht wahr, dass alle sich nicht für die Kultur der Insel interessieren.

In einem *que*-Satz, der von einem Verb der Meinungsäußerung abhängt, steht der Indikativ, wenn dieses Verb bejaht ist, und der *subjuntivo*, wenn das Verb verneint ist. Denn Verben der Meinungsäußerung können in bejahter Form eine neue Information einführen. Sind sie verneint, stellen sie immer eine Reaktion auf eine Behauptung dar, die vorher aufgestellt wurde.
Zu diesen Verben gehören z. B.:
creer, pensar, me parece, es verdad

➥ Ob das Verb im *que*-Satz bejaht oder verneint ist, spielt keine Rolle.

§ 15 *Die indefiniten Begleiter und Pronomen ambos, varios, cierto*
Los determinantes y pronombres indefinidos ambos, varios, cierto

1. Cierto, varios

Die Indefinita *varios* und *ciertos* bezeichnen eine unbestimmte Menge und sind darin eng mit *algún* bzw. *algunos* verwandt. Als Begleiter stehen sie immer vor dem Substantiv.

Gente que conoce **varias** culturas tiene futuro. Leute, die **mehrere** Kulturen kennen, haben Zukunft.
—¿Tiene periódicos españoles? —Sí, tenemos **varios**. – Haben Sie spanische Zeitungen? – Ja, wir haben **mehrere**.
En **ciertas** zonas de la isla viven muchos alemanes. In **manchen** Gegenden der Insel leben viele Deutsche.
Un **cierto** señor Sánchez ha llamado. Ein **gewisser** (= irgend ein) Herr Sánchez hat angerufen.

Varios kann sowohl Begleiter als auch Pronomen sein. In der Bedeutung „mehrere" kann es nur im Plural verwendet werden. Die Bedeutung „verschiedene, unterschiedliche" schwingt jeweils in ihm mit.

Cierto kann im Singular und Plural verwendet werden. Es hat die Bedeutung „etwas Bestimmtes, über das man nichts Genaueres sagen kann oder will" und wird normalerweise nur als Begleiter gebraucht.

2. Ambos

Ibiza y Mallorca son islas. **Ambas** están en el Mediterráneo. Ibiza und Mallorca sind Inseln. **Beide** befinden sich im Mittelmeer. En **ambos** lugares hay mucho turismo. An **beiden** Orten gibt es viel Tourismus. Quiero comprar una casa en Mallorca. **Las dos** que me interesan son muy caras. Ich will ein Haus auf Mallorca kaufen. **Die beiden**, die mich interessieren, sind sehr teuer.	Anders als das deutsche „beide“ kann das spanische *ambos* nur verwendet werden, wenn die Substantive, auf die es sich bezieht, bereits genannt wurden oder unmittelbar folgen. Ist dies nicht der Fall, muss *los/las dos* gebraucht werden.
Éstos son **mis dos** amigos. Das sind **meine beiden** Freunde. Creo que **vosotros dos** tenéis razón. Ich glaube, dass **ihr beide** Recht habt.	In Verbindung mit einem Possessivbegleiter oder einem Subjektpronomen kann ebenfalls nur *dos* verwendet werden.

➡ *Ambos* gehört der Schriftsprache an. In der gesprochenen Sprache wird vorwiegend *los/las dos* gebraucht, auch wenn die Bezugswörter bereits genannt wurden.

Unidad 2A

16 Die Präposition por

La preposición por

Die Präposition *por* kennst du bereits aus verschiedenen Wendungen und feststehenden Ausdrücken, z. B. *por favor* bitte, *por primera vez* zum ersten Mal, *por ejemplo* zum Beispiel u.e.m. (Eine Liste aller Ausdrücke, die du gelernt hast, findest du im „Diccionario“ des Schülerbuchs.)

Die Präposition *por* wird auch verwendet:

– zur Angabe eines Grundes (deutsche Übersetzung meist *wegen, aufgrund von*)	Andalucía es conocida **por** sus monumentos. Andalusien ist **wegen** seiner Sehenswürdigkeiten berühmt. **Por** esta razón vienen muchos turistas. **Aus** diesem Grund kommen viele Touristen.
– zur Angabe eines Mittels oder der Art und Weise, z. B. Kommunikationsweg, Transportmittel u. ä. (deutsche Übersetzung meist *durch*, *mit*)	Teresa me ha llamado **por** teléfono. Teresa hat mich angerufen (*ursprünglich*: hat mich mit Hilfe des Telefons gerufen). Andalucía hace oír su voz **por** sus hijos más famosos. Andalusien verschafft sich **durch** seine berühmtesten Söhne eine Stimme.

➡ Eng mit der kausalen Verwendung verwandt ist die Nennung des Gegenstands eines Gefühls oder einer Haltung (dt. Übersetzung meist *für*):

Muchas gracias **por** su visita. Vielen Dank für Ihren Besuch (= wegen Ihres Besuchs).
Tengo mucho respeto **por** su trabajo. Ich habe großen Respekt für seine Arbeit (= weil er eine gute/nützliche Arbeit leistet).

Unidad 2B

§ 17 Der *subjuntivo* der Verben *ir* und *dar*
El subjuntivo de los verbos *ir* y *dar*

ir gehen	**dar** geben
que vaya	que dé
que vayas	que des
que vaya	que dé
que vayamos	que demos
que vayáis	que deis
que vayan	que den

Das Verb *ir* hat für den *presente de subjuntivo* einen eigenen Stamm, die Endungen sind regelmäßig.
Dar verhält sich im Prinzip wie ein regelmäßiges Verb der 1. Konjugation. Zur Unterscheidung von der Präposition *de* tragen die 1. und 3. Person Singular einen Akzent. Dagegen hat die 2. Person Plural keinen Akzent (da sie als einsilbiges Wort kein Betonungszeichen braucht).

§ 18 Der *subjuntivo* in adverbialen Nebensätzen
El subjuntivo en subordinadas adverbiales

Adverbiale Nebensätze sind Nebensätze, die den Inhalt des Hauptsatzes näher bestimmen, z. B. indem sie den Zweck oder das Ziel angeben, einen Zeitpunkt nennen, eine Folge oder einen Begleitumstand aufzeigen. Auch Bedingungssätze (vgl. § 4) sind adverbiale Nebensätze.
Adverbiale Nebensätze werden durch eine Konjunktion eingeleitet. Je nach Konjunktion und Aussageabsicht stehen sie im Indikativ oder *subjuntivo*.

1. Konjunktionen, die immer mit dem *subjuntivo* stehen

He venido ***para que*** **reservéis** la fecha.
Ich bin gekommen, damit ihr den Tag freihaltet.
No quiero irme ***sin que*** lo **sepáis**.
Ich will nicht weggehen, ohne dass ihr es wisst.
Marisa no debe decir nada ***antes de que*** José y Estrellita **den** la noticia de su boda.
Marisa darf nichts sagen, bevor José und Estrellita ihre Hochzeit bekannt geben.

In Nebensätzen, die mit den Konjunktionen *para que*, *sin que* und *antes de que* eingeleitet werden, steht das Verb immer im *subjuntivo*.

2. Konjunktionen mit Indikativ oder *subjuntivo*

Auf manche Konjunktionen kann sowohl der Indikativ als auch der *subjuntivo* folgen. Der *subjuntivo* wird immer dann verwendet, wenn sich der von ihnen eingeleitete Nebensatz auf etwas Zukünftiges bezieht, ansonsten steht der Indikativ.
Solche Konjunktionen sind z. B. *cuando* und *hasta que*.

José conoció a Estrellita ***cuando*** ella **visitó** a su abuela. José lernte Estrellita kennen, als sie ihre Großmutter besuchte.	***Cuando*** **estemos** casados, vamos a vivir en Barcelona. Wenn wir verheiratet sind, werden wir in Barcelona wohnen.
Me fue mal ***hasta que*** **encontré** trabajo. Mir ging es schlecht, bis ich Arbeit fand.	Estamos un poco nerviosos, ***hasta que*** **pase**. Wir sind etwas nervös, bis es vorbei ist.

§ 19 Infinitivkonstruktion statt adverbialer Nebensatz
Construcción de infinitivo en vez de subordinada adverbial

Martin está aquí.
D. Pepe ha traído a Martin. > *Martin* quiere conocer una fiesta española.

Martin está aquí	*para conocer*	una fiesta española.
D. Pepe ha traído a Martin	para que conozca	

Statt eines mit *antes de que, hasta que, para que* oder *sin que* eingeleiteten Nebensatzes wird eine Konstruktion aus Präposition (*antes de, hasta, para, sin*) und Infinitiv verwendet, wenn das Subjekt der beiden zu verknüpfenden Sätze gleich ist.

José y Estrellita compraron una casa ***antes de* casarse**. José und Estrellita kauften ein Haus, ***bevor* sie heirateten**.
Martin no va a irse ***sin* conocer** una fiesta española. Martin wird nicht weggehen, ***ohne*** ein spanisches Fest zu **kennen**.

Dabei spielt es keine Rolle, ob der Nebensatz im Indikativ oder im *subjuntivo*, im Präsens oder einem Vergangenheitstempus stehen würde.

El viaje estuvo bien ***hasta* llegar**/***hasta que* llegamos** a Sevilla. Die Reise war gut ***bis zu* unserer Ankunft** in Sevilla/***bis* wir** nach Sevilla **kamen**.

Die Infinitiv-Konstruktion kann auch verwendet werden, wenn das Subjekt des Nebensatzes nur implizit im Hauptsatz enthalten ist.

§ 20 Der verneinte Imperativ
El imperativo negativo

No **llores**. Weine nicht!
No te **muevas**. Rühr' dich nicht!
¡No me **digáis**, vosotras sois María y Asunción! Sagt bloß (*wörtlich*: Sagt es mir nicht), ihr seid María und Asunción!

Der verneinte Imperativ hat im Spanischen die gleichen Formen wie das *presente de subjuntivo*.

➡ Der Imperativ steht im Spanischen häufig ohne Ausrufezeichen. Dieses wird meist nur dann verwendet, wenn es sich um einen echten Ausruf handelt (vgl. I § 39).

§ 21 Der Imperativ der Höflichkeitsform
El imperativo de usted/ustedes

Perdone. Bitte entschuldigen Sie!
Hablen, **hablen**. Ustedes no se **preocupen** por mí. Reden Sie nur! Kümmern Sie sich nicht um mich!

Der Imperativ der Höflichkeitsform (*usted/ustedes*) wird ebenfalls mit den Formen des *subjuntivo* gebildet, auch der bejahte Imperativ.

➡ Obwohl die Anrede mit „du" in Spanien viel häufiger ist als in Deutschland, wird die Höflichkeitsform in traditionell ausgerichteten Milieus auch innerhalb verwandtschaftlicher Beziehungen als respektvolle Anrede von Jüngeren zu Älteren verwendet: Madre, no llore. Weine nicht, Mutter (*wörtlich*: weinen Sie nicht).

§ 22 Die Relativpronomen el que, la que, los que, las que
Los pronombres relativos el que, la que, los que, las que

Con *la nueva carretera*, **la que** terminaron el año pasado, hemos llegado deprisa. Mit der neuen Straße, die letztes Jahr fertig wurde, sind wir schnell angekommen.
Son *ellos mismos* **los que** quieren dar la noticia. Es sind sie selbst, die die Nachricht bekannt geben wollen.

Die Relativpronomen *el que, la que, los que, las que* sind eine Verbindung aus dem bestimmten Artikel und dem Relativpronomen *que*. Die Form des bestimmten Artikels richtet sich nach dem Bezugswort.

Bestimmter Artikel + *que* anstelle des einfachen Relativpronomens *que* muss stehen:

- wenn der Relativsatz mit einer Präposition eingeleitet wird.
- wenn das Bezugswort im Satz nur implizit enthalten ist.

Éste es Martin, **del que** te hablé.
Das ist Martin, **von dem** ich dir erzählt habe.
Los que están en el caballo son mi hija y su novio. **Diejenigen, die** auf dem Pferd sitzen, sind meine Tochter und ihr Freund.

➡ Bei einigen Präpositionen, vor allem bei *con* und *en*, kann der Artikel fehlen.
El caballo en (el) que Asunción va a la catedral es muy bonito. Das Pferd, auf dem Asunción zur Kathedrale reitet, ist sehr schön.

Bestimmter Artikel + *que* anstelle des einfachen Relativpronomens kann darüber hinaus verwendet werden:

- in einem nicht notwendigen Relativsatz, wenn auf die darin enthaltene Information besonders hingewiesen werden soll.
- um klarzumachen, welches Wort des Hauptsatzes das Bezugswort ist, wenn mehrere Wörter als Bezugswörter in Frage kommen.

Te presento a *Martin*, **el que** hace un curso de español. Ich stelle dir Martin vor, (genau derjenige), **der** einen Spanischkurs macht. (*Die beiden Gesprächsteilnehmer haben bereits früher über Martin gesprochen.*)
La amiga de *Martin*, **el que** estuvo en la comunión de María, estudia en Madrid. Die Freundin von Martin, der auf Marías Kommunionfeier war, studiert in Madrid. (*Martin war bei der Kommunionfeier, nicht seine Freundin.*)

Unidad 2C

§ 23 Der Komparativ und Superlativ der Adverbien

El comparativo y superlativo de los adverbios

1. Der Komparativ

En invernaderos se consiguen ***más* fácilmente** 3 ó 4 cosechas. In Treibhäusern erzielt man leichter 3 oder 4 Ernten.
La población de Madrid crece ***menos* rápidamente** que la (población) de Andalucía. Die Bevölkerung von Madrid wächst weniger schnell als die (Bevölkerung) von Andalusien.

Ana habla bien alemán. Bea lo habla **mejor**. Ana spricht gut Deutsch. Bea spricht es besser.

Los canarios ganan **menos** que los andaluces. Die Bewohner der Kanaren verdienen weniger als die Andalusier.

Der Komparativ der Adverbien wird wie derjenige der Adjektive mit *más* (zum Ausdruck des höheren Grades) und *menos* (zum Ausdruck des niedrigeren Grades) gebildet. Wie dort wird der zweite Teil des Vergleichs mit *que* eingeleitet (oder weggelassen). (Zum Komparativ der Adjektive vgl. I § 49)

Der Komparativ von *bien* ist *mejor*, der von *mal* ist *peor.* Diese sind also identisch mit dem Komparativ von *bueno* und *malo.*

Más/menos können sich auch auf Verben beziehen. (Sie sind dann – unregelmäßige – Komparativformen von *mucho* bzw. *poco.)*

2. Der Superlativ

La población andaluza es **la** (población) **que** *crece* **más rápidamente/la que más rápidamente** *crece* (en España). Die andalusische Bevölkerung wächst am schnellsten (in/von Spanien).
Andalucía es una de **las** Comunidades Autónomas **que más seriamente** *transforman* su economía. Andalusien ist eine der Autonomen Regionen, die am ernsthaftesten ihre Wirtschaft umwandeln.
Los madrileños son **los que** *ganan* **más**. Die Madrider verdienen am meisten.
Chema es **el que menos** *trabaja* de la clase. Chema ist derjenige in der Klasse, der am wenigsten arbeitet.

Der Superlativ der Adverbien wird folgendermaßen gebildet:

best. Artikel + (Subst. +) que + más / menos + Adverb

Das Adverb kann dabei vor oder nach dem Verb stehen. *Más* und *menos* bleiben immer direkt vor dem Adverb.

Die unregelmäßigen Formen sind die gleichen wie beim Komparativ:

bien → mejor	mucho → más
mal → peor	poco → menos

Sie stehen direkt vor oder nach dem Verb.

Los que más *vacaciones* tienen son los alemanes. Die Deutschen haben am meisten Urlaub.
Somos **el** pueblo con **más** amigos. Wir sind das Volk mit den meisten Freunden

Der Superlativ kann auch von Substantiven gebildet werden. (Zum Komparativ der Substantive vgl. I § 49.)

➡ Noch häufiger als bei der Grundform werden im Spanischen anstelle von Komparativ und Superlativ des Adverbs andere Wendungen benutzt (vgl. auch § 10):
trabajar **con *más* éxito** **erfolgreich*er*** arbeiten
dar la respuesta ***más* breve/rápida** am **kürze*sten*/schnell*sten*** antworten

§ 24 Sonderfälle des Komparativs und Superlativs
Casos especiales de comparativo y superlativo

Tenemos que trabajar **cada vez *más rápidamente*.** Wir müssen **immer *schneller*** arbeiten. La agricultura es **cada vez *menos importante*.** Die Landwirtschaft ist **immer *weniger wichtig*.**	Um eine fortschreitende Veränderung zum Ausdruck zu bringen, wird *cada vez* + Komparativ verwendet.
Andalucía es la ***segunda*** Comunidad Autónoma **en superficie**. Andalusien ist die ***zweit*größte** Autonome Region. La industria ocupa el ***segundo*** lugar **en importancia**. Die Industrie ist am ***zweit*wichtigsten**.	Um anzugeben, dass jemand oder etwas nicht den ersten, sondern einen der nächsten Plätze in der Rangfolge einnimmt, wird im Spanischen häufig eine Umschreibung mit Ordnungszahl + *en* + Substantiv verwendet.

§ 25 Más und menos bei Zahlen und Mengenangaben
Más y menos con cifras y cantidades

En **menos de** *media hora* estás en la playa. In weniger als einer Stunde bist du am Strand. Así se consiguen **más de** *tres cosechas* al año. So erreicht man **mehr als** *drei Ernten* pro Jahr. **Más del** *50%* de los andaluces jóvenes está en paro. **Mehr als** *50%* der jungen Andalusier sind arbeitslos.	Folgt auf *más* bzw. *menos* eine Zahl oder Mengenangabe, steht *más/menos* **de**, und nicht *más/menos* **que**. (Es handelt sich nicht um einen Vergleich, sondern um das Über- oder Unterschreiten eines Maßes.) Bei Prozentangaben steht wie immer zusätzlich der Artikel (vgl. § 9).

§ 26 Der Komparativ der Gleichheit
El comparativo de igualdad

Andalucía es (casi) **tan** *grande* **como** Hungría. Andalusien ist (fast) **so** groß **wie** Ungarn. En Andalucía llueve **tan** *poco* **como** en Marruecos, pero en algunas zonas llueve **tanto como** en Irlanda. In Andalusien regnet es **so** *wenig* **wie** in Marokko, aber in einigen Gegenden regnet es **so viel wie** in Irland. No tengo **tanta** *suerte* **como** tú. Ich habe **nicht so viel** Glück **wie** du. En Andalucía hay muchos *turistas*, pero no **tantos como** en las Islas Baleares. In Andalusien gibt es viele Touristen, aber nicht **so viele wie** auf den Balearen.	Um zum Ausdruck zu bringen, dass etwas gleich ist, verwendet man im Spanischen *tan* (vor Adjektiv oder Adverb) bzw. *tanto* (auf ein Verb bezogen). Der zweite Teil des Vergleichs wird jeweils mit *como* eingeleitet. Bezieht sich der Vergleich auf ein Substantiv, steht *tanto(s), -a(s)* als Begleiter oder Pronomen (vgl. I § 35). Das, womit verglichen wird, wird wiederum mit *como* angefügt.

➡ Adjektive wie z. B. *igual* oder *mismo*, die ebenfalls eine Gleichheit zum Ausdruck bringen können, fügen den zweiten Teil des Vergleichs wie Komparative mit *que* an:
Roberta es **igual que** su hermana. Roberta ist genau wie ihre Schwester.
Mari Carmen trabaja en el **mismo** sector **que** su hermano.
Mari Carmen arbeitet in der gleichen Branche wie ihr Bruder.

Unidad 2D

27 Die Formen des pretérito imperfecto
Las formas del pretérito imperfecto

pens**ar** denken	ten**er** haben	viv**ir** leben
pens**aba**	ten**ía**	viv**ía**
pens**abas**	ten**ías**	viv**ías**
pens**aba**	ten**ía**	viv**ía**
pens**ábamos**	ten**íamos**	viv**íamos**
pens**abais**	ten**íais**	viv**íais**
pens**aban**	ten**ían**	viv**ían**

Das *pretérito imperfecto* wird gebildet, indem man an den Stamm (Infinitiv ohne Endung) die entsprechenden Endungen anhängt (s. Tabelle).
Die Endungen der 2. und 3. Konjugation sind gleich.

ser sein	ver sehen	ir gehen
era	veía	iba
eras	veías	ibas
era	veía	iba
éramos	veíamos	íbamos
erais	veíais	ibais
eran	veían	iban

Es gibt drei Verben, die unregelmäßige Formen des *pretérito imperfecto* bilden:
ser, das einen eigenen Stamm für das *imperfecto* hat,
ver, das sich verhält, als ob sein Infinitiv zwei *e* enthielte,
ir, das Formen ähnlich wie die Verben der ersten Konjugation bildet.

Alle übrigen spanischen Verben bilden regelmäßige Formen des *pretérito imperfecto.*

28 Der Gebrauch des pretérito imperfecto zum Ausdruck der Dauer
El uso del pretérito imperfecto para expresar duración

Das *pretérito imperfecto* ist ein Vergangenheitstempus, das Dauer zum Ausdruck bringt. Dies ist z. B. der Fall
1. bei zeitlich nicht begrenzten Handlungen,
2. bei Handlungen, die bis zum Zeitpunkt der Vergangenheit, über den gesprochen wird, nicht beendet sind,
3. bei Zustandsbeschreibungen

andauernde Handlung oder Zustand (*pretérito imperfecto*)

1. Las horas **pasaban** y nadie nos **encontraba**.
   Die Stunden **vergingen**, und niemand **fand** uns.

2. Mi amigo sólo **soñaba** con llegar a Europa.
   Mein Freund **träumte** nur davon, nach Europa zu kommen.

3. Todos **eran** hombres y **llevaban** gruesos abrigos. Ninguno **sabía** nadar.
   Alle **waren** Männer und **trugen** dicke Mäntel. Keiner **konnte** schwimmen.

Vergangenheit — Zeitpunkt, von dem aus gesehen erzählt wird — Gegenwart

Im Gegensatz dazu wird das *pretérito indefinido* benutzt, um zum Ausdruck zu bringen, dass eine (oft punktuelle) Handlung in der Vergangenheit abgeschlossen ist (vgl. I § 79).

> El mar **estaba** tranquilo. No **hablábamos** mucho. Todos **queríamos** llegar a España. Cuando ya **veíamos** la costa, se levantó mucho aire. Entró agua en la barca. Caí al agua. **Pensaba** en mi hijo cuando me rescató un barco. Das Meer war ruhig. Wir sprachen nicht viel. Wir wollten alle nach Spanien kommen. Als wir schon die Küste sahen, kam starker Wind auf. Wasser drang in das Boot ein. Ich fiel ins Wasser. Ich dachte an meinen Sohn, als mich ein Schiff rettete.

Pretérito imperfecto und *pretérito indefinido* treten deshalb häufig zusammen auf. Das Imperfekt dient dazu,
- die **Situation** zu beschreiben, auf deren Hintergrund sich eine Handlung entwickelt,
- oder eine Handlung zu schildern, die schon **andauert**, wenn eine neue, punktuelle Handlung eintritt.

Die neu eintretende Handlung steht im *pretérito indefinido*.

➡ Was war? (Beschreibung) → *pretérito imperfecto*
Was geschah (dann)? (Erzählung) → *pretérito indefinido*

neue Handlung ↓ (*pretérito indefinido*) | neue Handlung ↓ (*pretérito indefinido*) | neue Handlung ↓ (*pretérito indefinido*)

andauernde Handlung oder Zustand (= Situation)
(*pretérito imperfecto*)

Se **levantó** ↓ mucho aire. | **Entró** agua ↓ en la barca.

El mar **estaba** tranquilo. Ya **veíamos** la costa.

> Cuando subíamos a la barca, llegó un hombre. Als wir das Boot bestiegen, kam ein Mann.
> Brahim hablaba con un periodista cuando entró el médico. Brahim sprach mit einem Journalisten, als der Arzt hereinkam.

Es ist dabei nicht wichtig, wie lange die Handlung dauert, sondern dass sie bereits begonnen hat und noch nicht beendet ist, wenn etwas Neues einsetzt. (Sie kann mit der neuen Handlung zu Ende gehen.)

➡ Die Konjunktion *cuando* ist nicht automatisch ein Zeichen dafür, dass im Hauptsatz das *imperfecto* und im Nebensatz der *indefinido* verwendet werden müssen.

> Brahim **llevaba** casi 11 horas en el agua cuando vio un barco. Brahim **war** fast 11 Stunden **lang** im Wasser, als er ein Schiff **sah**.
> Estábamos en la playa y **llegó** la policía. Wir waren am Strand, und **dann** kam die Polizei.

Da beide Tempora im Deutschen normalerweise mit dem Imperfekt wiedergegeben werden, kann man zur Verdeutlichung ein Adverb oder einen adverbialen Ausdruck verwenden.

Bei manchen Verben ist es möglich oder sogar nötig, sie je nach der im Spanischen verwendeten Zeit unterschiedlich ins Deutsche zu übersetzen.

Chema me habló de su hermana, pero no me **acordaba** de ella. Chema erzählte mir von seiner Schwester, aber ich **erinnerte** mich nicht an sie. No **conocía** a la hermana de Chema. Ich **kannte** Chemas Schwester nicht. Cuando estaba en la barca, **tenía** miedo. Während ich im Boot war, **hatte** ich Angst.	Cuando subíamos al autobús, me **acordé** de que no tenía mi pasaporte. Als wir in den Bus einstiegen, **fiel** mir **ein**, dass ich meinen Pass nicht dabei hatte. **Conocí** a la hermana de Chema en una fiesta. Ich **lernte** sie auf einem Fest **kennen**. Cuando caí al agua, **tuve** miedo. Als ich ins Wasser fiel, **bekam** ich Angst.

Sólo me acuerdo de cómo **pasaban/pasaron** las horas. Ich erinnere mich nur daran, wie die Zeit verging. (*wie langsam sie verging/dass sie irgendwann vorbei war.*)
Vivía en Marruecos. **Pensaba/Pensé**: «Tengo que irme.» Ich lebte in Marokko. Ich dachte (*die ganze Zeit/eines Tages*): „Ich muss weggehen."

Ob *pretérito imperfecto* oder *pretérito indefinido* gebraucht werden muss, hängt auch davon ab, was der Sprecher zum Ausdruck bringen will.

Trotzdem ist die Verwendung der Tempora nicht beliebig. Bestimmte Adverbien und adverbiale Ausdrücke zeigen an, welches Tempus man verwenden sollte. Dies sind

Antes todo era mejor. Früher war alles besser. **Durante** toda la semana hacía mal tiempo. Die ganze Woche über war schlechtes Wetter. **En esa época** vivía en España. Zu jener Zeit lebte ich in Spanien.	– für das *pretérito imperfecto* Ausdrücke, die Dauer anzeigen, z. B. antes früher, en esa época zu jener Zeit, durante + *Zeitraum* während + *Zeitraum*, mientras tanto währenddessen
Primero fuimos a Madrid, **después** continuamos hasta Córdoba y **finalmente** llegamos a Sevilla. Zuerst fuhren wir nach Madrid, dann weiter nach Córdoba und schließlich kamen wir nach Sevilla.	– für das *pretérito indefinido* Ausdrücke, die auf den Neubeginn einer Handlung hinweisen, z. B. primero ... después ... finalmente zuerst ... dann ... schließlich, por fin endlich, un día eines Tages

➥ Solche Ausdrücke kannst du auch als Test verwenden, wenn du unsicher bist, welches Tempus du im Spanischen benutzen musst:
Man sagt nicht: Die ganze Zeit war ich an der Reihe.
⇒ Imperfekt ist nicht möglich.

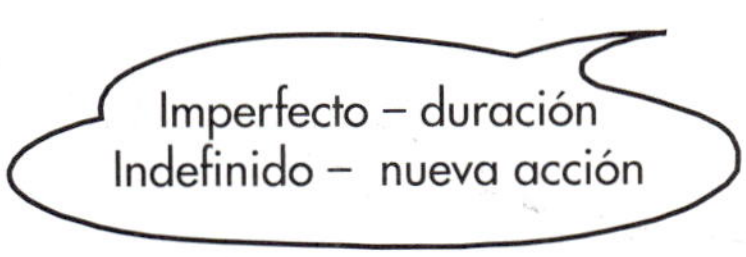

Unidad 2E

§ 29 Die indirekte Rede ohne Tempusverschiebung
El estilo indirecto sin cambio de tiempo verbal

1. Indirekte Aussagesätze

(*Los toros sufren en las corridas.* →)
Se dice ***que*** **los toros sufren** en las corridas.
Man sagt, dass die Stiere beim Stierkampf leiden.
(*Los ingleses no entienden la corrida.* →)
Siempre he dicho ***que*** **los ingleses no entienden la corrida.** Ich habe immer gesagt, dass die Engländer den Stierkampf nicht verstehen.
(*Estoy en Jaén. Tienes que visitarme.* →)
Mi amigo escribe ***que*** **está en Jaén** y ***que*** **tengo que visitarle.** Mein Freund schreibt, er sei in Jaén und ich müsse ihn besuchen.

Indirekte Aussagesätze werden mit der Konjunktion *que* eingeleitet (vgl. I § 84). Die Zeiten bleiben dieselben wie in der direkten Rede, wenn das einleitende Verb des Mitteilens im Präsens, *pretérito perfecto* oder Futur (*ir a*) steht.

Die Personalformen von Verben, Pronomen usw. werden wie im Deutschen der neuen Sprechersituation angepasst.

2. Indirekte Fragesätze

(*¿No entienden eso?* →)
Me pregunto ***si*** **no entienden eso.**
Ich frage mich, ob sie das nicht verstehen.
(*¿Dónde paras este año?* →)
Todos te preguntan ***dónde*** **paras.** Alle fragen dich, wo du anhältst (zum Übernachten).
(*¿Qué pasó en el Rocío?* →)
Cuéntame ***qué / lo que*** **pasó en el Rocío.**
Erzähl mir, was auf der Wallfahrt passiert ist.
(*¿Por qué no nos has dicho nada?* →)
Me van a preguntar ***por qué*** **no les he dicho nada.** Sie werden mich fragen, warum ich ihnen nichts gesagt habe.

Indirekte Fragesätze werden durch die Konjunktion *si* eingeleitet, wenn eine Frage ohne Fragewort wiedergegeben wird.
Wird eine Frage mit Fragewort wiedergegeben, so wird der indirekte Fragesatz durch dasselbe Fragewort eingeleitet wie die entsprechende direkte Frage.
Anstelle des Fragepronomens *qué* kann auch das Relativpronomen *lo que* verwendet werden (vgl. § 2).
Für die Anpassung der Personalformen und den Gebrauch der Zeiten gilt dasselbe wie für indirekte Aussagesätze.

§ 30 Die Konjunktion aunque
La conjunción aunque

Nebensätze, die durch die Konjunktion *aunque* eingeleitet werden, drücken eine einräumende Bedingung oder Einschränkung aus. Der Nebensatz steht

Aunque el camino **es** muy largo, la experiencia es extraordinaria. Obwohl der Weg sehr lang ist, ist die Erfahrung außerordentlich.
Cantas ***aunque*** **esté** rota tu voz. Du singst, auch wenn du schon ganz heiser bist.
Voy a participar en el Rocío, ***aunque*** **sea** en 20 años. Ich werde am Rocío teilnehmen, selbst wenn es erst in 20 Jahren ist.

– im Indikativ, wenn auf ein tatsächliches Ereignis oder einen Sachverhalt Bezug genommen wird
– im *subjuntivo*, wenn der Einwand als unbedeutend dargestellt werden soll oder wenn das Ereignis in der Zukunft liegt.

§ 31 *Die perífrasis verbales seguir + gerundio und volver a + Infinitiv*
Las perífrasis verbales seguir + gerundio y volver a + infinitivo

Wie du bereits weißt, wird ein deutsches Adverb im Spanischen häufig auf andere Weise, z. B. durch Präposition + Substantiv, wiedergegeben (vgl. § 10). Es gibt auch Verbkonstruktionen (sog. *perífrasis verbales*), die einem deutschen Adverb entsprechen, z. B.

No voy a **volver a** ver a esa gente en mi vida. Ich werde diese Leute nie mehr **wieder** sehen. **Sigues** siendo escéptico. Du bist **immer noch** skeptisch.	– *volver a* + Verb im Infinitiv (Deutsch meist: wieder + Verb) – *seguir* + *gerundio* (Deutsch: weiterhin/ immer noch + Verb)

➡ Vgl. auch *ir a* + Infinitiv (I § 32) und *acabar de* + Infinitiv (I § 51).

§ 32 *Das deutsche Verb „lassen"*
El verbo alemán «lassen»

Das deutsche „lassen" hat zwei unterschiedliche Bedeutungen, nämlich „jemanden veranlassen etw. zu tun" und „zulassen, dass jemand etwas tut". Im Spanischen muss dies mit zwei unterschiedlichen Verben ausgedrückt werden:
– veranlassen: *hacer* + Verb im Infinitiv (+ *algo*) (+ *a alguien*)
– zulassen: *dejar* + Verb im Infinitiv (+ *algo*) (+ *a alguien*)
Die Objektpronomen stehen, wie bei anderen Hilfsverben, vor *hacer* bzw. *dejar.*

„Meine Eltern lassen mich an einem Surfkurs teilnehmen."

§ 33 *Das Relativpronomen quien*
El pronombre relativo quien

Alguien, a **quien** no conocía, me ayudó. Jemand, den ich nicht kannte, half mir. Marta y Pablo, con **quienes** visité el Rocío, han venido. Marta y Pablo, mit denen ich den Rocío besuchte, sind gekommen. *aber nur:* El Rocío fue una experiencia fenomenal para **todos los que** participaron. Der Rocío war eine tolle Erfahrung für alle, die daran teilnahmen.	Das Relativpronomen *quien* (pl. *quienes*) bezieht sich auf Personen. Es kann in allen Sätzen stehen, in denen auch *el que* verwendet werden kann (vgl. § 22), außer nach *todo*. Es gehört der gehobenen Sprache an; in der alltäglichen gesprochenen Sprache wird meist *el que* gebraucht.

Unidad 3A

§ 34 Das pretérito imperfecto bei sich wiederholenden Ereignissen

El pretérito imperfecto con acciones repetidas

Las chicas aztecas **se casaban** (*en general*) a los quince años. Mit 15 Jahren heirateten die aztekischen Mädchen (im Allgemeinen).
Así era *la vida diaria* de los chicos en el Calmecac: **se levantaban** a las cuatro de la mañana, **limpiaban** las habitaciones, **desayunaban** y **salían** al campo. So verlief das Alltagsleben der Jungen im Calmecac: Sie **standen** um vier Uhr morgens **auf**, **reinigten** die Zimmer, **frühstückten** und **gingen** aufs Feld.

Außer in den bereits behandelten Fällen (vgl. § 28) wird das *pretérito imperfecto* auch verwendet, um Gewohnheiten oder sich wiederholende Ereignisse in der Vergangenheit zu beschreiben.
Der Gewohnheits- oder Wiederholungscharakter wird oft durch zusätzliche Angaben wie *todos los días, todos los años, en general, muchas veces* etc. verdeutlicht.

Handlung 1 + Handlung 1 + Handlung 1 + Handlung 1 + … + Handlung 1

= Gewohnheit (*pretérito imperfecto*)

Todos los días Elena **se levantaba** a las 8, **iba** al instituto y **volvía** a las 3.
Pero un día no **volvió**.
Elena **stand** jeden Tag um 8 Uhr auf, **ging** zur Schule und **kam** um 15 Uhr zurück. Aber eines Tages **kam** sie nicht zurück.

Wird die Gewohnheit durch ein neu eintretendes, einmaliges Ereignis unterbrochen, steht dieses im *pretérito indefinido.*

➥ Im deutschen Satz siehst du keinen Unterschied im Zeitengebrauch. Die Adverbien oder adverbialen Ausdrücke helfen dir zu erkennen, welches Tempus im Spanischen stehen muss.

Handlung 1 + Handlung 1 + Handlung 1 + … + Handlung 1 ↓ Handlung 2 (*pretérito indefinido*)

= Gewohnheit (*pretérito imperfecto*)

§ 35 A + Infinitiv zum Ausdruck des Zwecks

A + infinitivo para expresar finalidad

Los sacerdotes hacían sacrificios **para** pedir ayuda a sus dioses. Die Priester hielten Opferfeiern, um ihre Götter um Hilfe zu bitten.
Iban al patio **a** limpiarlo. Sie gingen auf den Hof, um ihn sauber zu machen.
Volvían al Calmecac **a** dormir. Sie kamen zum Calmecac zurück um zu schlafen.

Normalerweise wird die Präposition *para* + Infinitiv verwendet, um einen Zweck oder ein Ziel auszudrücken (vgl. auch I § 59).
Wenn das einleitende Verb eine Bewegung ausdrückt, steht in diesen Fällen jedoch meist die Präposition *a*.

Unidad 3B

§ 36 Der subjuntivo nach Verben des Wünschens und Befehlens

El subjuntivo con verbos de deseo y orden

Los padres ***piden que*** sus hijos les **cuenten** sus problemas. Die Eltern bitten ihre Kinder, dass sie ihnen ihre Probleme erzählen.
Los adolescentes ***proponen que*** sus padres también **hablen** de sus problemas. Die Jugendlichen schlagen vor, dass auch die Eltern von ihren Problemen sprechen.
Prefieren que los padres **sean** los padres a que **intenten** ser los amigos. Sie möchten lieber, dass die Eltern die Eltern sind, als dass sie versuchen, (wie) die Freunde zu sein.
Quieren conseguir que sus padres los **tomen** en serio. Sie wollen erreichen, dass ihre Eltern sie ernst nehmen.
Es necesario que todos **hagamos** esfuerzos para entendernos. Es ist nötig, dass wir uns alle anstrengen, damit wir einander verstehen.

Der *subjuntivo* steht auch in Nebensätzen mit *que*, wenn jemand wünscht, verlangt, vorschlägt, verbietet usw., dass jemand anderes etwas tut.

Wendungen, die einen Wunsch oder Befehl ausdrücken, sind z. B.:

conseguir que	erreichen, dass
desear que	wünschen, dass
esperar que	hoffen/erwarten, dass
exigir (a alguien) que	(von jdm.) verlangen, dass
es necesario que	es ist nötig, dass
proponer (a alguien) que	(jdm.) vorschlagen, dass
querer que	wollen, dass
reclamar que	verlangen, dass
pedir (a alguien) que	(jdn.) bitten/(von jdm.) fordern, dass
preferir que (a que)	vorziehen/lieber wollen, dass (als dass)

Los padres ***dicen*** a sus hijas ***que*** no **vuelvan** tarde a casa. Die Eltern sagen (= befehlen) ihren Töchtern, nicht spät nach Hause zu kommen.
Pedro me cuenta que quiere probar la marihuana. Le ***respondo que*** no lo **haga.** Pedro erzählt mir, dass er Marihuana probieren will. Ich antworte ihm, dass er es nicht tun soll.

Los jóvenes ***dicen que*** sus padres no les **escuchan**. Die Jugendlichen sagen, dass ihre Eltern ihnen nicht zuhören.
Un señor me pregunta dónde está la calle Ramón y Cajal. Le ***respondo que*** no lo **sé**. Ein Mann fragt mich, wo die Ramón y Cajal-Straße ist. Ich antworte ihm, dass ich es nicht weiß.

Die Verben des Sagens können einen Nebensatz mit *que* nach sich haben, der einen Befehl beinhaltet. In diesen Fällen steht der Nebensatz im *subjuntivo.* Wird dagegen eine Aussage wiedergegeben, handelt es sich um eine indirekte Rede und es steht der Indikativ (vgl. § 29).

Ahora quieren divertirse.
Jetzt wollen sie Spaß haben.
Prefieren ser felices a ser perfectos.
Sie möchten lieber glücklich als perfekt sein.

Wenn Haupt- und Nebensatz das gleiche Subjekt haben, steht statt des *que*-Satzes ein Infinitiv (vgl. § 19)

§ 37 Das unpersönliche Personalpronomen uno/una
El pronombre indefinido personal uno/una

El grupo llega a casa de **uno** de ellos. Die Gruppe kommt zu einem von ihnen nach Hause. —¿Tienes coche? —Sí, acabo de comprar **uno**. – Hast du ein Auto? – Ja, ich habe gerade eines gekauft.	Das Pronomen *uno* bezeichnet eine nicht näher bestimmte Person oder Sache. Übersetzt wird es meist mit „eine/r/s".
Los padres quieren ser los mejores amigos **de uno**. Die Eltern wollen die besten Freunde **von einem** sein. No se enteran de la mitad de las cosas que **uno** hace un viernes. Sie erfahren nicht (einmal) die Hälfte der Dinge, die **du** freitags tust. Claudia dice: «Cuando **uno** siente, es de verdad.» Claudia sagt: „Wenn **man/einer** etwas empfindet, dann (auch) wirklich."	Ähnlich wie das deutsche „eine/r" kann *uno* auch zum Ausdruck bringen, dass der Sprecher/die Sprecherin sich selbst betroffen fühlt, aber nicht „ich" sagen will, z. B. aus Bescheidenheit, oder weil die Aussage nicht nur für ihn/sie gültig ist. Ins Deutsche übersetzt wird *uno* in diesen Fällen mit „man", „eine/r", oder „du".
Cuando **una** llega tarde, los padres se preocupan. Wenn **du** als Mädchen spät nach Hause kommst, machen sich die Eltern Sorgen.	Wenn nachdrücklich darauf hingewiesen werden soll, dass der Satz sich hauptsächlich auf Frauen bezieht, kann auch die feminine Form *una* verwendet werden.

➥ Der Plural *unos/unas* kann als Begleiter oder Pronomen verwendet werden und bedeutet „einige" (vgl. I § 63):
Unas de ellas ya tienen novio. Einige von ihnen haben schon einen festen Freund.

Unidad 3C

§ 38 Der subjuntivo im Relativsatz
El subjuntivo en frases de relativo

Necesitamos jóvenes que **quieran** ayudar. Wir brauchen Jugendliche, die helfen wollen. Buscas algo que te **divierta**. Du suchst etwas, das dich aufheitert. Un día vamos a vivir en un mundo en el que no **haya** hambre ni guerras. Eines Tages werden wir in einer Welt leben, in der es keinen Hunger und keine Kriege (mehr) gibt. Quiero pasar mis vacaciones en un lugar donde **haya** sol y mar. Ich will meine Ferien an einem Ort verbringen, an dem es Sonne und Meer gibt.	In Relativsätzen steht der *subjuntivo*, wenn darin eine gewünschte Eigenschaft oder Handlung des Bezugswortes genannt wird. Der *subjuntivo* steht auch, wenn Handlung oder Ereignis des Relativsatzes in der Zukunft liegt und noch ungewiss ist (implizit drückt dies meist einen Wunsch aus). Welches Relativpronomen oder -adverb den Nebensatz einleitet, spielt für den Modusgebrauch keine Rolle.
Ponemos en contacto a jóvenes que **necesitan** ayuda con jóvenes que **quieren** ayudar. Wir bringen Jugendliche, die Hilfe brauchen, in Kontakt mit Jugendlichen, die helfen wollen.	Enthält der Relativsatz jedoch eine Tatsache, steht der Indikativ.

➡ Dieser Unterschied kann im Deutschen oft nicht ausgedrückt werden. Vergleiche:

Busco a un amigo que **sea** alto y delgado.
(= ich hätte gern einen Freund, der so aussieht)

Busco a un amigo que **es** alto y delgado.
(= ich habe einen Freund, der so aussieht, und möchte wissen, wo er sich aufhält)

↓ ↓

Ich suche einen Freund, der groß und schlank ist.

§ 39 Die Formen des condicional simple

Las formas del condicional simple

hablar	comer	vivir
habl**aría**	com**ería**	viv**iría**
habl**arías**	com**erías**	viv**irías**
habl**aría**	com**ería**	viv**iría**
habl**aríamos**	com**eríamos**	viv**iríamos**
habl**aríais**	com**eríais**	viv**iríais**
habl**arían**	com**erían**	viv**irían**

Das *condicional simple* wird durch Anhängen der entsprechenden Endungen an den Infinitiv gebildet. Diese Endungen sind in allen drei Konjugation gleich.

➡ Die Endungen sind identisch mit denen des *pretérito imperfecto* der 2. und 3. Konjugation.

poder → **podr**ía, **podr**ías, **podr**íamos, …
saber → **sabr**ía, **sabr**ías, **sabr**íamos, …
querer → **querr**ía, **querr**ías, …

Bei einigen Verben der 2. Konjugation fällt das *-e* des Infinitivs im *condicional* weg.

hacer → **har**ía, **har**ías, **har**íamos, …
decir → **dir**ía, **dir**ías, **dir**íamos, …

Einige Verben haben einen eigenen Stamm für das *condicional simple*.

Die Endungen sind jedoch immer dieselben wie bei den regelmäßigen Formen.
Weitere unregelmäßige Formen findest du in § 44.

➡ Die Verben *ser* und *ir* bilden das *condicional simple* regelmäßig: *sería*, *iría* etc.

§ 40 Der Gebrauch des condicional simple

El uso del condicional simple

Das *condicional simple* wird, ähnlich wie im Deutschen, verwendet

– für einen (in der Gegenwart) noch nicht erfüllten Wunsch
– für eine Annahme oder Vermutung
– für eine Möglichkeit

– als Ausdruck der Höflichkeit, z. B. bei Bitten, Vorschlägen oder Ratschlägen

➡ Die Verwendung des *presente* wäre in den meisten Fällen möglich, würde aber sehr direkt und häufig unhöflich wirken.

Nos **gustaría** poder jugar en la calle.
Wir würden gern auf der Straße spielen können.
Harías lo mismo. Du würdest das Gleiche tun.
Les **informaríamos** sobre las posibilidades.
Wir würden sie über die Möglichkeiten informieren.
¿**Explicarías** vuestro proyecto? Würdest du euer Projekt erklären?
¿**Podrías** ayudarme? Könntest du mir helfen?
En su lugar **buscaría** ayuda entre amigos.
An ihrer Stelle würde ich Hilfe bei Freunden suchen.
Deberíais participar en el proyecto.
Ihr solltet bei dem Projekt mitmachen.

Unidad 3D

§ 41 Das Passiv
La pasiva

1. Das Vorgangspassiv

Rebeca escribe: «Todavía **soy vista** como una pobre chica indefensa.»
Rebeca schreibt: „Ich werde immer noch als ein armes wehrloses Mädchen gesehen."
«Las chicas **somos** siempre **subestimadas.**»
„Wir Mädchen werden immer unterschätzt."
Los derechos de los indígenas muchas veces no **son respetados**. Die Rechte der Ureinwohner werden oft nicht respektiert.
El dinero **es** más **valorado** que la familia.
Geld wird höher geschätzt als die Familie.

Muchas carreras **son elegidas por** mujeres y hombres. Viele Studiengänge werden von Frauen und Männern gewählt.

Das Passiv wird im Spanischen folgendermaßen gebildet:

ser + Partizip Perfekt

Das Partizip richtet sich in Genus und Numerus nach dem Subjekt.

Wie im Deutschen dient das Passiv dazu, eine Handlung wiederzugeben, von der eine Person oder Sache betroffen ist (d. h. etwas „geschieht mit ihr").

Wenn der Urheber der Handlung genannt werden soll, wird er mit *por* angefügt.

Das Passiv wird vor allem dann verwendet, wenn die von der Handlung betroffene Person oder Sache stärker hervorgehoben werden soll als der Urheber der Handlung, oder wenn dieser nicht bekannt ist oder nicht genannt werden soll.

Vergleiche:

El problema es estudiado por varios abogados.

Varios abogados estudian el problema.

➡ Das Passiv wird im Spanischen viel seltener gebraucht als im Deutschen. Es wird hauptsächlich in der Schriftsprache verwendet, vor allem in Zeitungsartikeln u. ä. Im gesprochenen Spanisch wird stattdessen z. B. *pasiva refleja* verwendet (vgl. § 7).

2. Das Zustandspassiv

Estamos aquí **reunidos** para celebrar la boda de Catalina y Andrés.
Wir sind hier versammelt, um die Hochzeit von Catalina und Andrés zu feiern.
Hoy en día también las chicas **están** muy bien **formadas**. Heutzutage sind auch die Mädchen sehr gut ausgebildet.

Neben dem Passiv, das einen Vorgang beschreibt, gibt es ein Passiv, das einen Zustand beschreibt. Es wird gebildet aus

estar + Partizip Perfekt

Das Partizip richtet sich wiederum nach dem Subjekt des Satzes.

Vergleiche:

La puerta **es abierta**. Die Tür wird geöffnet. El presidente **es elegido** por todos los miembros de la asociación. Der Präsident wird von allen Vereinsmitgliedern gewählt.	La puerta **está abierta**. Die Tür ist offen. El presidente ya **está elegido**. Der Präsident ist schon gewählt.

§ 42 *Die Possessivpronomen und die betonten Formen des Possessivbegleiters*

Los pronombres posesivos y las formas tónicas del determinante posesivo

1. Die Formen

de mí	→ un amigo **mío**	una amiga **mía**	unos amigos **míos**	unas amigas **mías**
de ti	→ un amigo **tuyo**	una amiga **tuya**	unos amigos **tuyos**	unas amigas **tuyas**
de él/ella	→ un amigo **suyo**	una amiga **suya**	unos amigos **suyos**	unas amigas **suyas**
de nosotros,-as	→ un amigo **nuestro**	una amiga **nuestra**	unos amigos **nuestros**	unas amigas **nuestras**
de vosotros,-as	→ un amigo **vuestro**	una amiga **vuestra**	unos amigos **vuestros**	unas amigas **vuestras**
de ellos/ellas	→ un amigo **suyo**	una amiga **suya**	unos amigos **suyos**	unas amigas **suyas**

Die betonten Possessivbegleiter und Possessivpronomen werden dekliniert wie Adjektive und richten sich in Numerus und Genus nach dem Substantiv, auf das sie sich beziehen. Wie bei den unbetonten Possessivbegleitern gibt es, anders als im Deutschen, keinen Unterschied zwischen männlichem und weiblichem Besitzer (vgl. I § 16).

2. Der Gebrauch der betonten Possessivbegleiter

Im Unterschied zu den unbetonten Possessivbegleitern stehen die betonten Formen immer direkt nach dem Substantiv, auf das sie sich beziehen. Sie werden verwendet:

– wenn auf den Besitz oder die Zugehörigkeit besonders hingewiesen werden soll.

– wenn es sich um eines von mehreren handelt (dt. oft: „von mir/dir…“)

Preparar la comida es un trabajo **mío**. Das Essen zuzubereiten ist meine Aufgabe.
Manuel es amigo **mío**. Manuel ist mein Freund.
Estos son los comentarios de una amiga **mía**. Das sind die Kommentare einer Freundin von mir.

Der betonte Possessivbegleiter muss insbesondere immer dann verwendet werden, wenn vor dem Substantiv ein unbestimmter Artikel oder ein Indefinitbegleiter steht.
Voy a explicaros algunas ideas mías. Ich werde euch einige meiner Ideen erklären.

➡ Die Verbindung von *ser* + Possessivbegleiter bedeutet „gehören“.
Pasas a ser mía. Du wirst mein./Du gehörst dann mir.

3. Die Possessivpronomen

Vuestros fines de semana eran vuestros, **los míos** también eran vuestros. Eure Wochenenden gehörten euch, meine gehörten euch ebenfalls.
En países como **el mío**, las mujeres no tienen derechos. In Ländern wie meinem haben die Frauen keine Rechte.

Das Possessivpronomen hat die gleichen Formen wie die betonten Possessivbegleiter. Davor steht stets der bestimmte Artikel. Es wird verwendet, um die Wiederholung des Substantivs, auf das es sich bezieht, zu vermeiden.

Lo mío es mío y **lo vuestro** es vuestro. Das Meine gehört mir und das Eure gehört euch.

Ähnlich wie bei den Adjektiven kann auch die maskuline Form des Possessivpronomens mit dem neutralen Artikel *lo* verbunden werden; sie bedeutet dann „Alles, was mir/dir … gehört“ (vgl. § 12).

§ 43 Adjektive mit unterschiedlicher Bedeutung bei Voran- und Nachstellung
Adjetivos con significados diferentes al estar antepuestos o pospuestos

Soy el **único** chico en la clase que no tiene novia. Ich bin der **einzige** Junge in der Klasse, der keine Freundin hat. Hay **diferentes** posibilidades. Es gibt **mehrere** Möglichkeiten.	En Andalucía hay paisajes **únicos**. In Andalusien gibt es **einzigartige** Landschaften. Las ideas **diferentes** fueron la causa de una larga discusión. Die **unterschiedlichen** Ideen waren die Ursache für eine lange Diskussion.

Wie du bereits weißt, stehen Adjektive im Spanischen in der Regel nach dem Substantiv. In bestimmten Fällen können sie auch vor dem Substantiv stehen, ohne dass die Bedeutung sich ändert (vgl. § 11).
Einige Adjektive haben jedoch unterschiedliche Bedeutungen, je nachdem ob sie vor oder nach dem Substantiv stehen. Häufig haben sie, wenn sie vor dem Substantiv stehen, eine übertragene Bedeutung, deren Bezug zur wörtlichen Bedeutung noch erkennbar ist. Solche Adjektive sind z. B.:

una buena comida ein gutes Essen	un chico bueno ein lieber Junge
ciertas personas gewisse Leute	un hecho cierto eine sichere Tatsache
diferentes actividades mehrere Aktivitäten	las soluciones diferentes die unterschiedlichen Lösungen
una gran mujer eine bedeutende Frau	una ciudad grande eine große Stadt
la mayor parte der größte Teil	mi hermana mayor meine ältere Schwester
ebenso: menor	**auch**: un piso mayor eine größere Wohnung
mi mejor amigo mein bester Freund	un mundo mejor eine (moralisch) bessere Welt
ebenso: peor	
la misma ropa die gleiche Kleidung	la persona misma die Person selbst
una familia pobre eine arme Familie	un pobre niño ein bedauernswertes Kind
agua pura sauberes Wasser	por pura amabilidad aus reiner Höflichkeit
una triste excusa eine erbärmliche Ausrede	una cara triste ein trauriges Gesicht
la única solución die einzige Lösung	una solución única eine einzigartige Lösung
una vieja amiga eine langjährige Freundin	una persona vieja ein alter Mensch

➡ Die meisten dieser Adjektive können auch – ohne Bedeutungsänderung – vorangestellt sein, um das Adjektiv besonders zu betonen oder um eine subjektive Wertung auszudrücken (vgl. § 11). Kontrolliere deshalb stets den Sinn.
Un gitano canta una triste saeta.
Ein Zigeuner singt eine traurige Saeta.

Unidad 4A

§ 44 Die Formen des futuro simple
Las formas del futuro simple

cambiar	vender	morir
cambiar**é**	vender**é**	morir**é**
cambiar**ás**	vender**ás**	morir**ás**
cambiar**á**	vender**á**	morir**á**
cambiar**emos**	vender**emos**	morir**emos**
cambiar**éis**	vender**éis**	morir**éis**
cambiar**án**	vender**án**	morir**án**

Wie beim *condicional simple* sind die Endungen des *futuro simple* in allen drei Konjugationen gleich.
Der Stamm, an den die Endungen angehängt werden, ist identisch mit dem des *condicional*, d. h. meist der Infinitiv.

tener → **tendr**é, **tendr**ás, **tendr**á, …
venir → **vendr**é, **vendr**ás, **vendr**á, …
poner → **pondr**é, **pondr**ás, **pondr**á, …
salir → **saldr**é, **saldr**ás, **saldr**á, …

Eine Reihe von Verben der *e*- und *i*-Konjugation ersetzen den Vokal der Infinitivendung durch ein *d*.

➥ Änderungen im *futuro*-Stamm gelten immer auch für das *condicional*: *vendría*, *pondría*, *tendría* etc. – und umgekehrt: *podré*, *sabré*, *querré*, *haré*, *diré* (vgl. § 39).

§ 45 Der Gebrauch des futuro simple
El uso del futuro simple

Cambiaré las mantas por oro.
Ich werde die Decken gegen Gold tauschen.
Con el oro **haré** figuras de dioses. Aus dem Gold werde ich Götterfiguren machen.
Si las puedo vender todas, **tendremos** algo de comer. Wenn ich sie alle verkaufen kann, werden wir etwas zu essen haben.
Mi mujer me **preguntará** qué he hecho del oro. Meine Frau wird mich fragen, was ich mit dem Gold gemacht habe.

Das *futuro simple* wird hautpsächlich verwendet, um auszudrücken, dass etwas in der Zukunft geschieht.

➥ Statt des *futuro* steht in dieser Funktion häufig *ir a* + Infinitiv.

Wie *ir a* + Infinitiv kann *futuro simple* auch im Hauptsatz von realen Bedingungssätzen der Gegenwart oder im Einleitungssatz der indirekten Rede stehen (vgl. §§ 4, 29).

Das *futuro* wird darüber hinaus verwendet:

– für Vermutungen. Dabei kann das, worüber Vermutungen angestellt werden, in der Gegenwart liegen.

—¿Qué **estará** haciendo Bochica aquí?
—**Estará** aquí para ayudarte.
– Was macht wohl Bochica hier? – Er ist vermutlich hier, um dir zu helfen.

– vor allem in formeller Sprache (z. B. Amtssprache oder biblischer Sprachgebrauch), um Gebote oder Verbote auszusprechen.

Volverás dentro de 15 días.
Du wirst (= musst) in 14 Tagen wiederkommen.
No **matarás**. Du sollst nicht töten.
Siempre se **utilizarán** las formas masculinas y femeninas. Es müssen stets die maskulinen und femininen Formen verwendet werden.

Bochica tendrá cuidado para que la familia de Piracá no **muera** de hambre. Bochica wird achtgeben, dass Piracás Familie nicht an Hunger sterben wird.
Si Piracá **vende** las figuras, tendrá de comer. Wenn Piracá die Figuren verkauft, wird er zu essen haben.

Das *futuro* kann nicht in Nebensätzen stehen, die mit Konjunktionen eingeleitet werden, die den *subjuntivo* nach sich haben (vgl. § 18), auch wenn diese sich auf die Zukunft beziehen, ebensowenig im Nebensatz von Bedingungssätzen.

§ 46 *Die Präpositionen por und para*

Las preposiciones por y para

Die beiden Präpositionen por und para hast du bereits in vielen Ausdrücken und Verwendungsweisen kennen gelernt. Einige wichtige Anwendungsbereiche sind im Folgenden im Überblick zusammengestellt.

Tengo suficiente oro **para** mi trabajo. Ich habe genügend Gold für meine Arbeit.	Tengo suficiente oro **por** mi trabajo. Ich habe genügend Gold durch meine Arbeit.
Martin está aquí **para** conocer una fiesta española. Martin ist hier, um ein spanisches Fest kennen zu lernen.	Mucha gente se preocupa **por** el medio ambiente. Viele Leute machen sich Sorgen wegen der Umwelt.
He visto una buena publicidad **para** un Cd. Ich habe eine gute Werbung für eine CD gesehen.	Muchas gracias **por** la invitación. Vielen Dank für die Einladung.

Mit *para* wird häufig ein Zweck, eine Bestimmung oder ein Ziel angegeben.

Por nennt oft einen Grund, eine Ursache, oder den Ursprung.

Weitere Bedeutungen, die sich teilweise aus dieser Unterscheidung ableiten lassen, sind z. B.:

(1) visiones **para** un nuevo siglo Visionen für ein neues Jahrhundert
El hambre desapareció **para** siempre. Der Hunger verschwand für immer.
Vendré **para** Nochevieja. Ich werde zu Silvester kommen.
El autobús **para** Alicante sale a las tres. Der Bus nach Alicante fährt um 3 Uhr ab.

(2) Nuestra asociación organiza vacaciones **para** niños de zonas conflictivas. Unser Verein organisiert Ferien für Kinder aus Krisengebieten
Estas fiestas son desconocidas **para** muchos padres. Diese Feste sind für viele Eltern unbekannt.

(3) Éste es un obstáculo **para** una buena relación. Das ist ein Hindernis für eine gute Beziehung.
Este libro es importante **para** nuestro tema. Dieses Buch ist für unser Thema wichtig.

Para wird benutzt
(1) für genaue Zeit- und Ortsangaben (Ziel, Termin, Frist)
(2) zur Angabe einer Zielgruppe oder von Personen, die von einer Handlung betroffen sind
(3) zum Ausdruck der Eignung

(1) Vendrá **por** la tarde. Er/sie wird am Nachmittag kommen.
Mi hermano volverá **por** Nochevieja.
Mein Bruder wird so um Silvester herum zurückkommen.
Paseamos **por** la ciudad. Wir gingen in der Stadt spazieren.
(2) Tengo mucho respeto **por** su trabajo.
Ich habe viel Respekt für seine Arbeit.
el amor **por** la literatura die Liebe zur Literatur
Julieta sufrió mucho **por** Romeo. Julia litt viel wegen Romeo.
(3) luchar **por** un futuro mejor für eine bessere Zukunft kämpfen
Hazlo **por** mí. Tu es für mich (= *wegen mir, z. B. weil du mich gern hast...*)
(4) Clara llamó **por** teléfono. Clara hat angerufen.
He sabido la noticia **por** ella.
Ich habe die Neuigkeit von ihr erfahren.
(5) Piracá cambió sus mantas **por** oro.
Piracá tauschte seine Decken gegen Gold ein.
Me compré un ordenador **por** 1000 €.
Ich habe mir einen Computer für 1000 € gekauft.
Tomaos una coca-cola **por** mí. Trinkt eine Cola an meiner Stelle.
Ana ha venido **por** su hermano. Ana ist anstelle ihres Bruders gekommen.
(6) El oro fue arrebatado a Piracá **por** un pájaro.
Das Gold wurde Piracá von einem Vogel entrissen.

Por wird verwendet
(1) für ungefähre Zeit- oder Ortsangaben.
(2) in Wendungen, mit denen über Empfindungen gesprochen wird (= die Person oder Sache, die durch *por* eingeführt wird, ist der Ursprung oder die Ursache des Gefühls).
(3) zur Angabe eines Ziels. Im Unterschied zu *para* ist bei der Verwendung von *por* das Ziel gleichzeitig die Ursache, der Auslöser für die Handlung. Z. B.: man kämpft für den Frieden, weil er ein Wert ist, für den einzusetzen sich lohnt. *Por* und *para* sind hier oft austauschbar.
(4) um ein (Hilfs-) Mittel anzugeben, d. h. die Art und Weise, wie etwas „transportiert" wird (vgl. § 16).
(5) zum Ausdruck eines Austausches. Dazu gehören im weiteren Sinne auch Preisangaben und Angaben darüber, dass etwas ersetzt wird.
(6) in Passiv-Sätzen zur Angabe des Urhebers der Handlung (s. § 41).

§ 47 Adjektiv statt Adverb I
Adjetivo en lugar de adverbio I

«Tengo suficiente oro» pensó Piracá **contento**. „Ich habe genügend Gold," dachte Piracá zufrieden.
Bochica andaba **descalzo**.
Bochica lief barfuß.
¿Qué vamos a comer? preguntó la mujer de Piracá **asustada**. ¿Was werden wir essen? fragte Piracás Frau erschrocken.

Im Spanischen wird ein Adjektiv anstelle eines Adverbs verwendet, wenn eher ein Merkmal des Subjekts beschrieben wird als die Art der Handlung (z. B. Satz 1: Piracá ist zufrieden, nicht seine Art zu denken.) Wie üblich richtet sich das Adjektiv in diesen Fällen in Numerus und Genus nach dem Substantiv, auf das es sich bezieht.

§ 48 Zwei Objektpronomen beim Verb: der Singular des indirekten Objekts

Dos pronombres complemento con el verbo: el singular del complemento indirecto

Luciana **me lo** dijo. Luciana hat es mir gesagt.
¿Me cuentas tus secretos? No, no **te los** voy a contar. Erzählst du mir deine Geheimnisse? Nein, ich werde sie dir nicht erzählen.
—¿Conoces a este invitado? —No, no **se me** ha presentado. – Kennst du diesen Gast? – Nein, er hat sich mir nicht vorgestellt.
La señora Inés le dio dos billetes a Rosaura y dijo: «**Te los** ganaste.» Señora Inés gab Rosaura zwei Geldscheine und sagte: „Du hast sie dir verdient."
Los chicos querían las salchichitas y Rosaura **se las** dio. Die Jungen wollten die Würstchen haben und Rosaura gab sie ihnen.

Stehen zwei oder mehr Objektpronomen bei einem Verb, steht in der Regel das indirekte Objekt vor dem direkten; Reflexivpronomen stehen immer an erster Stelle. Anders ausgedrückt:

se (refl.)	me te le	lo la los las	Verb

Das indirekte Objekt *le* wird vor *lo, la, los* oder *las* zu *se* geändert.

le + lo → se lo   le + los → se los
le + la → se la   le + las → se las

(1a) Los chicos gritaban: «Dá**mela**.» Die Jungen riefen (immer wieder): „Gib sie mir!"
(1b) Busco mi nuevo vestido para ponér**melo**. Ich suche mein neues Kleid, um es anzuziehen.
(2a) No **te lo** puedes imaginar./No puedes imaginár**telo**. Das kannst du dir nicht vorstellen.
(2b) —¿Quieres que te explique los deberes? —Mari Carmen ya está explicándo**melos**/**me los** está explicando. – Willst du, dass ich dir die Hausaufgaben erkläre? – Mari Carmen erklärt sie mir gerade schon.

Für die Stellung vor oder nach dem Verb gelten die gleichen Regeln wie bei einem einzelnen Pronomen (vgl. I §§ 38, 52, 62, 73). D. h. sie stehen
– normalerweise vor dem Verb
– angehängt an den bejahten Imperativ (1a) oder den Infinitiv (1b)
– in Sätzen mit Hilfsverb vor dem Hilfsverb oder angehängt an den Infinitiv (2a);
das Gleiche gilt für das *gerundio* (2b).
Die beiden Pronomen müssen stets zusammen stehen.

➡ Zur Erhaltung der Betonung erhält das Verb einen Akzent, wenn die Pronomen angefügt werden (vgl. *imaginártelo, explicándomelos*).

§ 49 Formen und Gebrauch des pretérito pluscuamperfecto

Las formas y el uso del pretérito pluscuamperfecto

1. Formen

había hablado	ich hatte gesprochen	**habíamos** dicho	wir hatten gesagt
habías comido	du hattest gegessen	**habíais** hecho	ihr hattet gemacht
había pedido	er/sie hatte gefordert	**habían** roto	sie hatten zerbrochen

Das *pretérito pluscuamperfecto* ist eine zusammengesetzte Form, die aus dem Imperfekt von *haber* und dem Partizip Perfekt des jeweiligen Verbs besteht.

➡ Im Unterschied zum deutschen Plusquamperfekt wird das *pretérito pluscuamperfecto* ausschließlich mit dem Hilfsverb *haber* gebildet:
habías vuelto du **warst** zurückgekommen **habíamos** subido wir **waren** eingestiegen

2. Gebrauch

Rosaura sabía bien el asunto de los regalos porque **había observado** a los otros.
Rosaura kannte die Sache mit den Geschenken genau, weil sie die anderen beobachtet hatte.
Rosaura llevó la naranjada al comedor, como se lo **había pedido** la señora Inés.
Rosaura trug die Orangenlimonade ins Esszimmer, wie es ihr die Señora Inés aufgetragen hatte.
Un momento antes, la señora Inés **había dicho**: «Espérenme.» Kurz zuvor hatte die señora Inés gesagt: „Warten Sie auf mich!“

Wie das deutsche Plusquamperfekt wird das *pretérito pluscuamperfecto* verwendet, um eine Handlung oder Situation wiederzugeben, die bereits abgeschlossen war, als eine andere Handlung oder Situation einsetzte. Für die neu beginnende Handlung oder Situation gelten die üblichen Tempusregeln.
Das *pretérito pluscuamperfecto* steht auch, wenn das Neue nur implizit im Satz enthalten ist.

Wie beim *pretérito perfecto* stehen die Objektpronomen vor dem Hilfsverb (vgl. I § 57).

§ 50 Adjektiv statt Adverb II

Adjetivo en lugar de adverbio II

Rosaura se vio **lindísima** en su nuevo vestido.
Rosaura fand sich in ihrem neuen Kleid wunderschön.
Salió **primera** en los juegos. Sie wurde erste bei den Spielen.
Su madre pareció **preocupada**. Ihre Mutter schien besorgt.
Una amiga de Claudia (se) quedó **embarazada**.
Eine Freundin von Claudia wurde schwanger.
No quedamos **satisfechos** con nuestras notas.
Wir sind mit unseren Noten nicht zufrieden.

Ein Adjektiv statt eines Adverbs wird auch immer dann verwendet, wenn das Verb ähnliche Bedeutung hat wie *ser* oder *estar* und dieses ersetzen könnte.

➡ Manchmal sieht es so aus, als ob ein Adjektiv verwendet würde, weil das – unveränderliche – Adverb die gleiche Form hat wie das maskuline Adjektiv, z. B.:

respirar hondo tief einatmen, hablar alto/bajo/lento/rápido laut/leise/langsam/schnell sprechen, llegar pronto bald kommen, comprar barato/caro billig/teuer kaufen costar caro teuer zu stehen kommen

Unidad 4C

§ 51 Zwei Objektpronomen beim Verb: der Plural des indirekten Objekts
Dos pronombres complemento con el verbo: el plural del complemento indirecto

Vamos a visitar las ruinas. Mi padre **nos las** mostrará con gusto. Wir werden die Ruinen besuchen. Mein Vater wird sie uns gern zeigen.
Os lo dirá. Er/sie wird es euch sagen.
No **os lo** podéis imaginar. Ihr könnt es euch nicht vorstellen.
Quiero ir a Taxco y **se lo** propuse a mis amigas. Ich will nach Taxco fahren und habe es meinen Freundinnen vorgeschlagen.
Tengo las fotos que les prometí a ustedes. **Se las** envío con la carta. Ich habe die Fotos, die ich Ihnen versprochen habe. Ich schicke sie ihnen mit diesem Brief.

Die Regeln, die du für die Stellung von zwei Objektpronomen beim Verb gelernt hast (vgl. § 48), gelten natürlich auch, wenn das Pronomen des indirekten Objekts oder das Reflexivpronomen im Plural steht.
Wie das Pronomen *le* im Singular wird auch der Plural *les* vor *lo, la, los, las* durch *se* ersetzt.
Dies gilt auch, wenn *le/les* sich auf *usted/ustedes* bezieht.

Zusammengefasst:

Se lo compro.

- Se lo compro a él.
- Se lo compro a ella.
- Se lo compro a usted.
- Se lo compro a ellos.
- Se lo compro a ellas.
- Se lo compro a ustedes.

➡ Vgl. auch: **Se** lo imagina.
Stellen Sie **sich** das vor!

§ 52 Das pretérito indefinido von saber, poder, traer
El pretérito indefinido de saber, poder, traer

saber wissen	poder können	traer bringen
supe	**pud**e	**traj**e
supiste	**pud**iste	**traj**iste
supo	**pud**o	**traj**o
supimos	**pud**imos	**traj**imos
supisteis	**pud**isteis	**traj**isteis
supieron	**pud**ieron	**traj**eron

Wie eine Reihe von Verben, die du bereits kennst, haben die Verben *saber, poder* und *traer* einen eigenen Stamm für das *pretérito indefinido*.
Die Endungen sind ebenfalls wieder die gleichen wie bei anderen unregelmäßigen Verben.

Ya **sabía** que en la ciudad de México había ruinas aztecas. Ich **wusste** schon, dass es in der Stadt Mexiko aztekische Ruinen gibt.
Supe muchas cosas nuevas e interesantes. Ich **erfuhr** viel Neues und Interessantes.

Saber kann sowohl „wissen" als auch „erfahren" bedeuten. In den Vergangenheitsformen kann man die Bedeutung nicht nur am Kontext, sondern auch an der verwendeten Zeit erkennen. Es bedeutet im Allgemeinen
– im *pretérito imperfecto* „wissen" (= Zustand)
– im *pretérito indefinido* „erfahren" (= abgeschlossener Vorgang)

➡ Ähnlich z. B. conocía ich kannte, conocí ich lernte kennen

§ 53 Die indirekte Rede mit Tempusverschiebung im Indikativ
El estilo indirecto con cambio de tiempo verbal en el indicativo

Me habías preguntado: «¿México **es** bonito?» Du hattest mich gefragt: „Ist Mexiko schön?" Mis padres dijeron: «**Tendremos** tiempo para una excursión.» Meine Eltern sagten: „Wir werden Zeit für einen Ausflug haben." Mi madre dijo a Daniel: «**Has vuelto** a tiempo.» Meine Mutter sagte zu Daniel: „Du bist rechtzeitig zurückgekommen." Daniel nos contó: «En EE.UU. me **encontré** con muchos hispanos.» Daniel erzählte uns: „In den USA habe ich viele Hispanoamerikaner getroffen."	Me habías preguntado si México **era** bonito. Du hattest mich gefragt, ob Mexiko schön sei. Mis padres dijeron que **tendrían** tiempo para una excursión. Meine Eltern sagten, dass sie Zeit für einen Ausflug hätten. Mi madre dijo que Daniel **había vuelto** a tiempo. Meine Mutter sagte, dass Daniel rechtzeitig zurückgekommen sei. Daniel nos contó que se **había encontrado** con muchos hispanos en EE.UU. Daniel erzählte uns, dass er in den USA viele Hispanoamerikaner getroffen habe.

Steht bei der indirekten Rede das einleitende Verb des Mitteilens im *pretérito indefinido, imperfecto* oder *pluscuamperfecto,* können in der indirekten Rede oder Frage nur *imperfecto*, *pluscuamperfecto* oder *condicional* stehen.

Direkte Rede/Frage		Indirekte Rede/Frage
presente	→	pretérito imperfecto
pretérito indefinido	↘	pretérito pluscuamperfecto
pretérito perfecto	↗	
futuro simple	→	condicional

Imperfecto, pluscuamperfecto und *condicional* bleiben unverändert.

Miguel escribió: «Hace unos años, la situación económica **era** muy difícil.» Miguel schrieb: „Vor einigen Jahren war die wirtschaftliche Situation sehr schwierig." Miguel preguntó a Paty: «¿**Podrías** ayudarme?» Miguel fragte Paty: „Könntest du mir helfen?" Preguntaste en tu carta: «¿*Cuántos* **sois** en la familia?» Du hast in deinem Brief gefragt: „Wie viele seid ihr in der Familie?"	Miguel escribió que, hace unos años, la situación económica **era** muy difícil. Miguel schrieb, dass die wirtschaftliche Situation vor einigen Jahren sehr schwierig war. Miguel preguntó a Paty si **podría** ayudarlo. Miguel fragte Paty, ob sie ihm helfen könne. Querías saber *cuántos* **éramos** en la familia. Du wolltest wissen, wie viele wir in der Familie sind.

Wie bei der indirekten Rede ohne Tempusverschiebung werden die Personalformen von Verben, Pronomen usw. der neuen Sprechersituation angepasst. Auch für die Verwendung der Fragewörter gelten die gleichen Regeln (vgl. jew. § 29).

Die o. g. Zeitenfolge gilt auch für Verben des Wissens und Meinens, die einen Nebensatz mit *que* nach sich haben:

Pensamos: «**Hemos** jugado mejor.» Wir dachten: „Wir haben besser gespielt." Antes, el sur de EE.UU. **formaba** parte de México. Früher war der Süden der USA ein Teil von Mexiko. Creía: «**Vendrás** pronto.» Ich dachte: „Du kommst bald."	Pensamos que **habíamos** jugado mejor. Wir dachten, dass wir besser gespielt haben. No sabía que, antes, el sur de EE.UU. **formaba** parte de México. Ich wusste nicht, dass der Süden der USA früher ein Teil von Mexiko war. Creía que **vendrías** pronto. Ich dachte, dass du bald kommst.

Unidad 5A

§ 54 Die Formen des pretérito imperfecto de subjuntivo
Las formas del pretérito imperfecto de subjuntivo

quedar	temer	unir
quedaron	temieron	unieron
queda**ra**	temie**ra**	unie**ra**
queda**ras**	temie**ras**	unie**ras**
queda**ra**	temie**ra**	unie**ra**
quedá**ramos**	temié**ramos**	unié**ramos**
queda**rais**	temie**rais**	unie**rais**
queda**ran**	temie**ran**	unie**ran**

Die Ausgangsform für den Stamm des *pretérito imperfecto de subjuntivo* ist die 3. Person Plural des *pretérito indefinido*. Von dieser Form wird die Silbe *-ron* gestrichen und die entsprechenden Endungen (s. Tabelle) angehängt.
Die 1. Person Plural erhält zur Erhaltung der Betonung einen Akzent auf der letzten Silbe des Stammes.

pedir	dar	decir	ser/ir	haber
pidieron	dieron	dijeron	fueron	hubieron
pidiera	diera	dijera	fuera	hubiera
pidieras	dieras	dijeras	fueras	hubieras
pidiera	diera	dijera	fuera	hubiera
pidiéramos	diéramos	dijéramos	fuéramos	hubiéramos
pidierais	dierais	dijerais	fuerais	hubierais
pidieran	dieran	dijeran	fueran	hubieran

Diese Regel gilt auch für die Gruppenverben und für die Verben mit unregelmäßigem *pretérito indefinido*.

➡ *Hubiera* ist auch das *pretérito imperfecto de subjuntivo* von *hay*.

§ 55 Der Gebrauch des pretérito imperfecto de subjuntivo
El uso del pretérito imperfecto de subjuntivo

Das *pretérito imperfecto de subjuntivo* steht im Nebensatz, wenn der Hauptsatz in einem Vergangenheitstempus steht. Es muss in den gleichen Fällen gebraucht werden wie das *presente de subjuntivo*.

1. Nebensätze, in denen immer *pretérito imperfecto de subjuntivo* stehen muss

– nach Verben des Empfindens, Urteilens und Meinens (vgl. § 14)

Temía que me **encontraran** algo raro. Ich fürchtete, dass sie mich irgendwie komisch finden würden.
¿Cómo ***fue posible*** que **soportara** eso? Wie war es nur möglich, dass ich dies ertrug?

– nach Verben des Wünschens und Befehlens (vgl. § 36)

Me ***pidió*** que **cambiara** mi modo de vestirme. Er bat mich darum, meinen Kleidungsstil zu ändern.
Esperaba que a todos les **gustara** mi nuevo peinado. Ich hoffte, dass allen meine neue Frisur gefallen würde.

– nach Konjunktionen, die immer den *subjuntivo* erfordern (vgl. § 18, 1)

Quería ser guapa ***para que*** los hombres me **miraran**. Ich wollte hübsch aussehen, damit die Männer mich anschauten.
Después viví ***sin que*** la moda me **preocupara**. Danach lebte ich, ohne dass die Mode mich kümmerte.

➡ Das *condicional* hat, wie die Vergangenheitstempora, *pretérito imperfecto de subjuntivo* nach sich. Das *pretérito perfecto* dagegen wird – ähnlich wie bei der indirekten Rede – hier nicht als Vergangenheitstempus betrachtet, d. h. im Nebensatz steht meist *presente de subjuntivo*.
He temido que no vengas. Ich hatte (schon) Angst, dass du nicht kommst.
Me gustaría que me lo dijeras. Ich hätte gern, dass du es mir sagst.

2. Relativsätze und konzessive Nebensätze

Das *imperfecto de subjuntivo steht* in Relativsätzen und konzessiven (einräumenden) Nebensätzen nur in bestimmten Fällen, nämlich

¡Por qué no tenía en aquella época una amiga ***que*** me **ayudara**! Warum hatte ich bloß zu jener Zeit nicht eine Freundin, die mir half!
Aunque los demás me lo **repitieran** muchas veces, no lo creía. Obwohl es mir die anderen oft wiederholten, glaubte ich es nicht.
Aunque los vestidos **fueran** más baratos, no los compraría. Selbst wenn die Kleider billiger wären, würde ich sie nicht kaufen.

– in Relativsätzen, die einen Wunsch ausdrücken (vgl. § 38).

– in Konzessivsätzen, wenn der im Nebensatz ausgedrückte Einwand als unbedeutend dargestellt werden soll oder wenn der Nebensatz eine nicht zutreffende Annahme enthält (vgl. § 30). Im Hauptsatz steht dann meist das *condicional simple*.

Aber:
Wird im Nebensatz eine Tatsache genannt, steht der Indikativ.
Aunque el vestido era barato, no lo compré.
Obwohl das Kleid billig war, kaufte ich es nicht.

➡ Nach *no es que* steht *imperfecto de subjuntivo*, wenn eine nicht zutreffende Annahme zurückgewiesen wird, obwohl der Hauptsatz im Präsens steht:
No es que tuviera miedo. Es ist ja nicht so, dass ich Angst hätte.

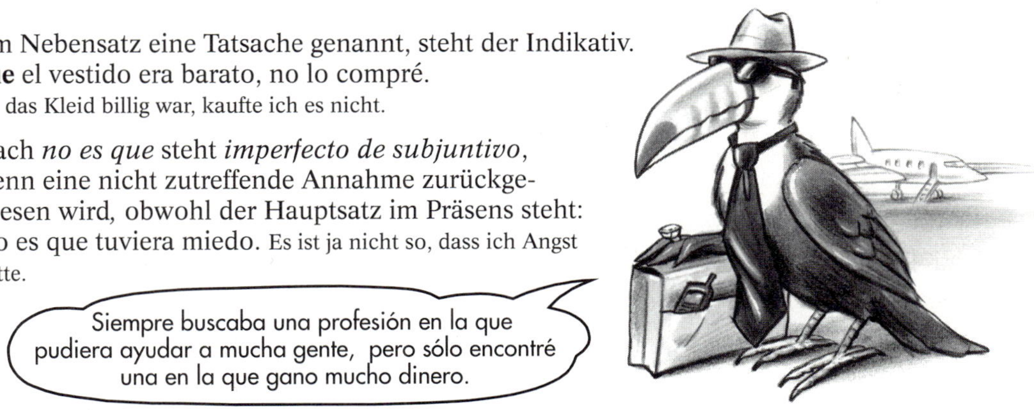

3. Temporale Nebensätze

Laura se sintió infeliz ***hasta que*** **dejó** de seguir modelos ajenos. Laura fühlte sich unglücklich, bis sie aufhörte, fremden Vorbildern zu folgen.

Su compañera continuaría con los productos de belleza ***hasta que*** su piel **fuera** clara. Ihre Kollegin würde mit den Schönheitsprodukten weitermachen, bis ihre Haut hell wäre.

Wenn über vergangene Ereignisse gesprochen wird, steht in temporalen Nebensätzen der Indikativ.

Imperfecto de subjuntivo wird jedoch verwendet, wenn der Hauptsatz im *condicional* steht.

➡ Auf *antes de que* folgt stets *subjuntivo*.

➡ Zum Gebrauch einer Infinitiv-Konstruktion statt eines adverbialen Nebensatzes s. § 19.
Laura hizo muchos esfuerzos para quedar más guapa. Laura strengte sich sehr an, um hübscher zu sein.

Unidad 5B

§ 56 Irreale Bedingungssätze der Gegenwart
Oraciones condicionales de subjuntivo en el presente

Wie im Deutschen gibt es im Spanischen sog. irreale Bedingungssätze. Dabei wird im Nebensatz eine Bedingung oder Voraussetzung genannt, die in der Gegenwart nicht erfüllt ist („Wenn ich … hätte, …"). Die daraus sich ergebende Folge (die im Hauptsatz genannt ist), ist deshalb ebenfalls unmöglich oder unwahrscheinlich („dann wäre ich …").

Si **tuviéramos** una carretera, **podríamos** llevar nuestros productos a la ciudad. Wenn wir eine Straße hätten, könnten wir unsere Produkte in die Stadt bringen.
Muchos creen que, si Zapata **viviera**, **lucharía** a su lado. Viele glauben, dass Zapata an ihrer Seite kämpfen würde, wenn er noch leben würde.

Im Spanischen steht im *si*-Satz das *pretérito imperfecto de subjuntivo*, im Hauptsatz das *condicional simple.*

Auch Einwände, die von einer nicht zutreffenden Annahme ausgehen, oder temporale Nebensätze, die von einem Hauptsatz im *condicional* abhängen, können als eine Art Bedingung angesehen werden. Deshalb gilt die o. g. Zeitenfolge auch für Sätze mit den Konjunktionen *aunque, cuando, hasta que* u.e.m. (s. auch S. 41). Vergleiche:

A lo mejor **participaría** en una lucha armada si **estuviera** desesperado. Ich würde vielleicht an einem bewaffneten Kampf teilnehmen, wenn ich verzweifelt wäre.	Nunca **participaría** en una lucha armada, aunque **estuviera** desesperado. Ich würde nie an einem bewaffneten Kampf teilnehmen, auch wenn ich verzweifelt wäre.	**Terminaríamos** la lucha cuando los indígenas **consiguieran** tierras. Wir würden den Kampf beenden, wenn / sobald die Indios Land bekämen.

➡ Das *imperfecto de subjuntivo* wird auch nach der Konjunktion *como si* verwendet, die einen irrealen Vergleich darstellt. Dabei kann der Hauptsatz auch im Präsens stehen:

***Es* como si** siempre estuviéramos en la guerra. Es ist, als ob wir immer im Krieg wären.
Me ***trataban* como si** estuviera loco. Sie behandelten mich, als ob ich verrückt wäre.

§ 57 Das pretérito perfecto de subjuntivo: Formen und Gebrauch
El pretérito perfecto de subjuntivo: formas y uso

Ven a verme cuando **hayas terminado** este trabajo. Komm zu mir, wenn du diese Arbeit beendet hast.
No creo que Mario **haya dicho** eso. Ich glaube nicht, dass Mario so etwas gesagt hat.
Vamos a castigar a todos los que **hayan maltratado** a los indígenas. Wir werden alle bestrafen, die Indios schlecht behandelt haben.

Der *subjuntivo* hat auch eine Form des *pretérito perfecto.* Es wird aus dem *subjuntivo presente* des Hilfsverbes *haber* sowie dem Partizip Perfekt gebildet.
Es wird immer dann verwendet, wenn der *subjuntivo presente* stehen müsste, aber die Handlung des Nebensatzes vor der des Hauptsatzes liegt.

Vergleiche: Me alegro de que **vengáis**. Ich freue mich, dass ihr kommt.
Me alegro de que **hayáis venido**. Ich freue mich, dass ihr gekommen seid.

§ 58 Das Passiv: Vergangenheitsformen
La pasiva: formas del pasado

Zapata **fue asesinado** en 1919. Zapata wurde 1919 ermordet.
Un barrio **era destruido** por los propietarios. Ein Stadtviertel wurde von den Grundbesitzern zerstört.
Las tierras comunales **habían sido cercadas**. Das Gemeindeland war eingezäunt worden.
Entraron en las tierras sin que **fueran castigados**. Sie betraten das Land, ohne dass sie bestraft wurden.
Los indígenas siempre **han sido reprimidos**. Die Indios wurden immer unterdrückt.

Die Vergangenheitsformen des Passiv werden aus den Vergangenheitsformen des Hilfsverbs *ser* sowie dem Partizip Perfekt gebildet.
Wie im Präsens
– stimmt das Partizip in Genus und Numerus mit dem Subjekt des Satzes überein.
– wird der Urheber der Handlung, wenn er genannt wird, mit *por* angefügt.
– wird das Passiv hauptsächlich in der Schriftsprache, z. B. zur Schilderung von historischen Ereignissen verwendet.

➡ In Passiv-Formen mit zusammengesetzten Zeiten – *perfecto* und *pluscuamperfecto* – wird nur das Partizip des Hauptverbs, nicht das des Hilfsverbs, angeglichen.

Los revolucionarios **estaban desunidos**. Die Revolutionäre waren zerstritten.
Siempre **hemos estado preparados** para la lucha. Wir waren immer zum Kampf bereit.

Auch das Zustandspassiv kann in den Vergangenheitstempora gebraucht werden (vgl. § 41,2.).

§ 59 Die 3. Person Plural als unpersönliche Ausdrucksweise
La 3ª persona del plural como forma impersonal

Cuentan en Chiapas que Zapata ha vuelto a México. In Chiapas wird erzählt, dass Zapata nach Mexiko zurückgekommen ist.
Los campesinos recuperaron las tierras que les **habían arrebatado**. Die Bauern bekamen die Felder wieder, die man ihnen weggenommen hatte.
Durante la revolución **mataron** a mucha gente. Während der Revolution wurden viele Leute umgebracht.

Ähnlich wie die *pasiva refleja* (vgl. § 7) kann auch ein Verb in der 3. Person Plural eine Handlung beschreiben, deren Urheber man nicht kennt oder nicht nennen will. Ein Satz mit einem Verb in der 3. Person Plural kann so an die Stelle eines Satzes mit einem unpersönlichen Subjekt (dt. man) oder eines Passivsatzes treten.
Die Konstruktion kann in allen Zeiten vorkommen.

Unidad 5C

§ 60 Das participio pasado zur Verkürzung von Nebensätzen

Oraciones subordinadas de participio pasado

Im Spanischen kann eine Konstruktion mit Partizip Perfekt einen Nebensatz ersetzen, dessen Handlung vor derjenigen des Hauptsatzes liegt.

Construida en medio de un lago, Tenochtitlan era una gran ciudad. Tenochtitlan, das mitten in einem See gebaut wurde, war eine Großstadt.
Los caballos, **desconocidos** para los aztecas, fueron la mejor arma de los españoles. Die Pferde, die den Azteken unbekannt waren, waren die beste Waffe der Spanier.
Muchos indígenas morían de las enfermedades **llevadas** por los españoles. Viele Indios starben an den Krankheiten, die die Spanier mitgebracht hatten.

Das Partizip bezieht sich auf ein Nomen des Hauptsatzes, das es näher bestimmt. Sein Subjekt – das nicht eigens genannt wird – ist dieses Nomen, an das es deshalb in Numerus und Genus angeglichen wird. Es kann die gleichen Ergänzungen haben wie andere Verben auch, z. B. Objekt, adverbiale Ergänzung, Adverb.

➡ Wie die Relativsätze (vgl. I § 54) werden für das Verständnis des Satzes notwendige Partizipialsätze nicht durch Komma abgetrennt.

Die Partizip-Perfekt-Konstruktion ersetzt häufig einen Relativsatz im Passiv. Darüber hinaus kann sie auch stehen für:

- einen temporalen (zeitlichen) Nebensatz
- einen kausalen Nebensatz (Nebensatz des Grundes)
- einen Bedingungssatz

Regalada a Cortés, Malinche aprendió español. Nachdem sie Cortés geschenkt worden war, lernte Malinche Spanisch.
Asustados por los caballos, los aztecas huían. Da sie von den Pferden erschreckt wurden, flohen die Azteken.
Vendido a buen precio, el petróleo puede ayudar a la economía mexicana. Wenn es zu einem guten Preis verkauft wird, kann das Erdöl der mexikanischen Wirtschaft helfen.

§ 61 Das Relativpronomen cuyo

El pronombre relativo cuyo

Tenochtitlan, **cuyos** *edificios* eran más altos que los edificios europeos y **cuyas** *calles* eran más grandes, sorprendió a los españoles. Tenochtitlan, dessen Gebäude höher waren als die europäischen Gebäude und dessen Straßen breiter waren, erstaunte die Spanier.
Malinche era una princesa **cuyo** *pueblo* había sido conquistado por los aztecas. Malinche war eine Prinzessin, deren Volk von den Azteken erobert worden war.

Das Relativpronomen *cuyo* drückt einen Besitz oder eine Zugehörigkeit aus. Es ist veränderlich wie die Adjektive.
Anders als das deutsche „dessen" passt es sich in Genus und Numerus nicht dem Bezugswort im Hauptsatz an, sondern dem im Nebensatz (dem „Besitz" und nicht dem „Besitzer").

➡ Wie die anderen Relativpronomen kann auch *cuyo* nach Präpositionen stehen:
México es un país en cuyo suelo hay mucha riqueza.
Mexiko ist ein Land, in dessen Boden es viele Reichtümer gibt.

Unidad 6A

§ 62 *Infinitiv und gerundio zur Verkürzung von Nebensätzen*
Oraciones subordinadas de infinitivo y gerundio

1. Infinitiv

Wie du bereits weißt, wird im Spanischen oft eine Konstruktion aus Präposition und Infinitiv statt eines adverbialen Nebensatzes verwendet, wenn Haupt- und Nebensatz das gleiche Subjekt haben (vgl. § 19).

Los judíos, **al tener** que irse de España, emigraron a otros países del Mediterráneo. Als die Juden Spanien verlassen mussten, emigrierten sie in andere Länder des Mittelmeerraumes.
Al oíros hablar, se podría creer que no hay problemas. Wenn man euch so reden hört, könnte man meinen, dass es keine Probleme gibt.

Al + Infinitiv steht für einen temporalen (zeitlichen) Nebensatz, dessen Handlung gleichzeitig oder fast gleichzeitig mit der Handlung des Hauptsatzes verläuft. Das Subjekt des Haupt- und Nebensatzes ist gleich. Der Infinitiv kann die gleichen Ergänzungen haben wie ein Vollverb.

➡ Da der Infinitiv keine eigene Zeit- und Personalform hat, muss die passende Form im Deutschen entsprechend dem Hauptsatz ergänzt werden.

2. Gerundio

Auch das *gerundio* kann anstelle eines adverbialen Nebensatzes stehen. Wie der Infinitiv ist es unveränderlich und kann Ergänzungen haben. Es kann folgende Bedeutungen haben:

– temporal (zeitlich: während, als, wenn); synonym mit *al* + Infinitiv.

Visitando la ciudad, los jóvenes descubren el pasado. Während sie die Stadt besichtigen, entdecken die Jugendlichen die Vergangenheit.
Volviendo a Israel, David y Mahmut eran buenos amigos. Als sie nach Israel zurückkehrten, waren David und Mahmut gute Freunde.

– kausal (begründend: weil)

Estando aquí, entendemos mejor nuestra cultura. Weil wir hier sind, verstehen wir unsere Kultur besser.

– konditional (bedingend: wenn, falls)

Trabajando juntas, diferentes culturas pueden crear obras extraordinarias. Wenn verschiedene Kulturen zusammenarbeiten, können sie außergewöhnliche Werke schaffen.

➡ Zusätzlich zur Personalform und zum Tempus muss zur Übersetzung des *gerundio* eine dem Sinn entsprechende Konjunktion ausgewählt werden.

Los judíos vivieron en otros países **conservando** sus tradiciones. Die Juden lebten in anderen Ländern und bewahrten (dabei) ihre Traditionen/wobei sie ihre Traditionen bewahrten.

Da das *gerundio* ausdrückt, dass zwei Handlungen gleichzeitig oder unmittelbar nacheinander stattfinden, können im Deutschen auch zwei durch „und" verbundene Hauptsätze (manchmal auch ein Nebensatz, der mit „indem" oder „wobei" eingeleitet wird) stehen.

➡ Nebensatzverkürzungen sind im Spanischen in der Schriftsprache, aber auch in der gehobenen Umgangssprache sehr häufig.

§ 63 Das condicional compuesto
El condicional compuesto

Das *condicional compuesto* wird gebildet aus dem *condicional simple* des Hilfsverbs *haber* und dem *participio pasado* des Hauptverbs. Es wird verwendet wie das *condicional simple* (vgl. § 40), bezieht sich aber im Unterschied zu diesem auf die Vergangenheit, d. h. es steht bei

- einem (in der Vergangenheit) nicht erfüllten Wunsch
- einer Vermutung bezüglich eines vergangenen Ereignisses
- einer Möglichkeit, die in der Vergangenheit bestanden hat
- Ratschlägen, die die Vergangenheit betreffen.

Le **habría gustado** venir.
Er/Sie wäre gern gekommen.
En Israel probablemente nunca **habría conocido** a David. In Israel hätte ich David wahrscheinlich nie kennen gelernt.
Hace unos días **habríamos podido** ayudarte. Vor einigen Tagen hätten wir dir helfen können.
Habríais tenido que decir lo que sabéis.
Ihr hättet sagen müssen, was ihr wisst.

§ 64 Das pretérito pluscuamperfecto de subjuntivo
El pretérito pluscuamperfecto de subjuntivo

Temía que **hubiéramos hecho** una tontería. Ich fürchtete, dass wir eine Dummheit gemacht hatten.
Quería que me lo **hubierais dicho**.
Ich wünschte, ihr hättet es mir gesagt.
Buscábamos un empleado que **hubiera estudiado** química. Wir suchten einen Angestellten, der Chemie studiert hatte.
La clase tenía buenas notas aunque no **hubiera trabajado** mucho. Die Klasse hatte gute Noten, obwohl sie nicht viel gearbeitet hatte.

Das *pretérito pluscuamperfecto de subjuntivo* besteht aus dem *pretérito imperfecto de subjuntivo* des Hilfsverbs *haber* sowie dem *participio pasado* des Hauptverbs.
Es wird in den gleichen Fällen gebraucht wie das *imperfecto de subjuntivo* (vgl. § 55), wenn darüber hinaus die Handlung des Nebensatzes vor der Handlung des Hauptsatzes liegt.

§ 65 Irreale Bedingungssätze der Vergangenheit
Oraciones condicionales de subjuntivo en el pasado

Si **hubiéramos hecho** un viaje a España, *habríamos aprendido* muchas cosas más sobre la vida española. Wenn wir eine Reise nach Spanien gemacht hätten, hätten wir noch viel mehr über das spanische Leben gelernt.
Si **hubiera estado** aquí, te *habría ayudado*. Wenn ich hier gewesen wäre, hätte ich dir geholfen.
Europa *sería* diferente si no **hubiera existido** la cultura griega. Europa wäre anders, wenn es die griechische Kultur nicht gegeben hätte.

Die irrealen Bedingungssätze der Vergangenheit werden verwendet, wenn eine Bedingung oder Voraussetzung in der Vergangenheit nicht erfüllt wurde. Deshalb konnte sich auch die daraus folgende Konsequenz nicht realisieren.
Im Nebensatz (der die Bedingung enthält) steht das *pretérito pluscuamperfecto de subjuntivo*, im Hauptsatz normalerweise das *condicional compuesto*, gelegentlich auch das *condicional simple*, je nach Sinn.

Unidad 6B

§ 66 Hervorhebung von Satzteilen
Enfatizar un elemento de la oración

Im Spanischen kann eine Verbindung aus dem Verb *ser* und einem Relativsatz zur Hervorhebung von Satzteilen benutzt werden. Die Struktur ist jeweils:

Form von *ser*	+	hervorzuhebendes Element	+	Relativpron./-adverb	+	Satz, aus dem ein Element hervorgehoben werden soll
Es		la paz		la que		desean todos.

Son víveres **los que** necesitamos. Lebensmittel brauchen wir.
Es Luis **el que/quien** quiere una bicicleta. Luis will ein Fahrrad haben.

Es **con** Anselmo **con quien** Luis habla. Es ist Anselmo, mit dem Luis spricht.
Es **al** padre de Luis **al que** probablemente van a detener. Den Vater von Luis wird man wahrscheinlich verhaften.

Fue **en** Madrid **donde** se sufrió más tiempo el hambre. In Madrid litt man am längsten Hunger.
Fue **en** 1936 **cuando** empezó la Guerra Civil. 1936 begann der Bürgerkrieg.
Es así **como** se vive en la guerra. So lebt man im Krieg.

Es una bicicleta **lo que** quiere Luis. Ein Fahrrad ist es, was Luis haben möchte.

Fueron dos **los** bandos **que** lucharon./ Fueron dos bandos **los que** lucharon. Zwei Gruppen waren es, die miteinander kämpften.

Bei der Hervorhebung eines Subjekts oder Objekts wird das Relativpronomen *el que* gebraucht. Für Personen kann stattdessen auch *quien/quienes* verwendet werden.

Ist der Satzteil, der betont werden soll, eine präpositionale Ergänzung, muss im Spanischen die Präposition sowohl vor dem betonten Satzteil als auch vor dem Relativpronomen stehen.

Statt Präposition + Relativpronomen verwendet man die Relativadverbien *donde, adonde, cuando, como*, wenn adverbiale Ergänzungen des Ortes, der Zeit oder der Art und Weise hervorgehoben werden.

Wird etwas Unbestimmtes hervorgehoben, steht das Relativpronomen *lo que*.

Hat ein hervorzuhebendes Substantiv einen bestimmten Artikel bei sich, kann auch das Relativpronomen *que* statt *el que* stehen.

§ 67 Der *subjuntivo* in Hauptsätzen
El subjuntivo en oraciones principales

¡*Que* **llegue** la paz! Möge der Friede kommen!
¡*Que* **trabajen** las máquinas! Sollen doch die Maschinen arbeiten!
¡*Ojalá* lo **hubiéramos hecho** antes! Ach hätten wir das doch früher gemacht!

Der *subjuntivo* kann auch in Hauptsätzen stehen, z. B. in Ausrufen, die mit *que* eingeleitet werden. Es handelt sich dabei um Wünsche (vgl.: Queremos que llegue la paz.)

➡ Statt mit *que* können solche Wunschsätze auch mit *ojalá* gebildet werden.

Bezieht sich der Wunsch auf die Vergangenheit, steht *pluscuamperfecto de subjuntivo*.

§ 68 Unterschiedlicher Gebrauch des bestimmten Artikels im Deutschen und Spanischen
Uso diferente del artículo determinado en alemán y español

Der Gebrauch des bestimmten Artikels im Spanischen und Deutschen stimmt oft, aber nicht immer überein: in bestimmten Fällen steht der Artikel im Spanischen, nicht aber im Deutschen, in anderen Fällen ist es umgekehrt. Die wichtigsten Fälle hast du bereits kennen gelernt. Sie werden hier noch einmal zusammengefasst.

Kein Artikel steht im Spanischen im Unterschied zum Deutschen

– bei der Nennung von Monatsnamen, auch bei *en* + Monatsname, das durch eine Jahreszahl näher bestimmt ist.

Enero es un mes frío en Alemania. **Der** Januar ist in Deutschland ein kalter Monat.
La guerra empezó en julio de 1936. Der Krieg begann **im** Juli 1936.

– bei der Angabe von Jahreszeiten mittels der Präposition *en*

En invierno, los pájaros vuelven al sur. **Im** Winter kehren die Vögel in den Süden zurück.

– bei Transportmitteln (+ *en*)

Vamos en bicicleta a la ciudad. Wir fahren mit **dem** Fahrrad in die Stadt.

➡ Der bestimmte Artikel steht jedoch, wenn diese Angaben näher bestimmt sind:
Hoy voy en **la** bicicleta de mi hermana. Heute fahren ich mit dem Fahrrad meiner Schwester.

Abweichend vom Deutschen steht der bestimmte Artikel im Spanischen

– bei allgemeinen Bezeichnungen (Gattungsbezeichnungen, Stoffnamen) und Abstrakta, wenn die Gesamtheit gemeint ist.

Todos desean **la** paz. Alle wollen Frieden.
El oro es un metal valioso. Gold ist ein wertvolles Metall.

– bei der Angabe der Uhrzeit, der Tageszeit oder der Wochentage

➡ Vgl. auch: La guerra terminó **el** 1 de abril. Der Krieg endete **am** 1. April.

Voy al colegio a **las** 9. Ich gehe um 9 Uhr zur Schule.
Son las 5 de **la** mañana. Es ist 5 Uhr morgens.
Los sábados me acuesto tarde. Samstags gehe ich spät zu Bett.

– bei der Angabe eines vergangenen oder zukünftigen Zeitraumes

El año que viene voy a ir a España. Nächstes Jahr werde ich nach Spanien fahren.

– bei Altersangaben

➡ Aber: Tengo 18 años. Ich bin 18 Jahre alt.

A **los** 4 años las chicas aztecas ayudaron a sus madres. Mit 4 Jahren halfen die Azteken-mädchen ihrer Mutter.

– bei Titeln, Berufsbezeichnungen und Verbindung von *señor/señora* + Familienname

➡ Aber: Buenos días, señor Santos. Guten Tag, Herr Santos.

Catalina conoce **al** general Ascencio. Catalina lernt General Ascencio kennen.
La señora Guzmán no quiere que su hija se case. Frau Guzmán will nicht, dass ihre Tochter heiratet.

– bei der Beschreibung des Aussehens (mit *tener*)

Anselmo tenía **el** pelo y **los** ojos oscuros. Anselmo hatte dunkle Haare und Augen.

– bei *jugar a* + Spiel und *tocar* + Instrument

Chema toca **la** batería. Chema spielt Schlagzeug.
Estábamos jugando a **la** guerra. Wir spielten Krieg.

Einige Merkmale des lateinamerikanischen Spanisch

Obwohl das Spanisch, das in Spanien gesprochen wird, und das Spanisch Lateinamerikas fast identisch sind, gibt es einige wichtige Unterschiede. Die meisten davon haben ihre Ursache darin, dass sich die Sprache in Spanien in den letzten Jahrhunderten verändert hat, während sich das in Lateinamerika gesprochene Spanisch nach der Kolonisierung im 16. Jahrhundert nicht oder anders entwickelt hat. Manche der u. g. Besonderheiten kann man deshalb auch in alten spanischen Texten finden.

Die im folgenden beschriebenen Charakteristika musst du nicht lernen, um sie selbst anwenden zu können. Du solltest sie aber kennen und verstehen, wenn du mit Menschen aus Lateinamerika sprichst oder Texte von dort liest.

1. Die Konjugation

Aquí tienes unas fotos para que tú y tu familia se **hagan** una idea de nosotros. **Se** las envío con la carta.
Hier hast du einige Fotos, damit ihr, du und deine Familie, sich eine Vorstellung von uns machen könnt. Ich schicke sie **euch** mit dem Brief.
(In Spanien würde der gleiche Satz lauten: «... para que tú y tu familia os hagáis una idea de nosotros. Os las envío...»)

Im Spanischen Lateinamerikas existiert für das Verb keine Form der 2. Person Plural. Statt «vosotros» wird auch in der vertrauten Anrede «ustedes» benutzt. Ebenso werden keine Pronomen der 2. Person Plural verwendet.

➡ In vielen lateinamerikanischen Ländern wird auch im Singular «usted» als vertraute Anredeform benutzt.

2. Der «Voseo»

¿Y **vos** quién **sos**? ¿De dónde la **conocés**?
Und du, wer bist du? Woher kennst du sie?
Mi mamá no vende nada, para que **sepás**.
Meine Mama verkauft nichts, damit du es nur weißt.

A **vos** no **te** conozco. Dich kenne ich nicht.
¿Me **prestás tu** libro? Leihst du mir dein Buch?
Tenés que levantar**te** a las seis. Du musst um 6 Uhr aufstehen.

In manchen Regionen Lateinamerikas wird als Personalpronomen der 2. Person Singular «vos» statt «tú» benutzt. Auch die Verbformen im Präsens sind anders.

«Vos» ist auch die Form des betonten Personalpronomens. Die Objektpronomen sowie die Possessiv- und Reflexivpronomen dagegen sind dieselben wie bei «tú».

Die wichtigsten Verbformen sind:

	-ar	-er	-ir	Gruppen- und unregelm. Verben		
indicativo presente:	tomás	comés	abrís	contás	pedís	decís
subjuntivo presente:	tomés	comás	abrás	contés	pidás	digás
imperativo:	tomá	comé	abrí	contá	pedí	decí

➡ Auch die Verben mit Vokalwechsel bzw. Diphthongierung leiten die Formen vom Infinitiv ab.

3. Die Tempora

¿Dónde **pasaste** tus vacaciones <u>este año</u>? Wo hast du dieses Jahr die Ferien verbracht?
El hambre **desapareció** <u>para siempre</u> de la comunidad chibcha. Der Hunger verschwand für immer aus der Gemeinschaft der Chibcha.

In manchen Regionen Lateinamerikas wird häufig das *pretérito indefinido* statt des *pretérito perfecto* gebraucht.

4. Verkleinerungsformen

Diminutive (Verkleinerungsformen) sind keine Besonderheit des lateinamerikanischen Spanisch. Sie werden dort jedoch häufiger als in Spanien gebraucht.

Viví en Taxco de **chiquitito**. Ich habe als kleiner Junge in Taxco gelebt.
Espera un **momentito**. Warte ein Momentchen.
Mañana hay una **fiestica** en casa de Carlos. Morgen ist ein Fest(chen) bei Carlos.
Hazlo **despacito**. Mach es doch ein bisschen langsamer!
¡Adiosito! Tschüss!
Lupe era **bajita** y **gordita**. Lupe war klein und etwas kräftig gebaut.
Ahorita voy. Ich komme ja gleich.
Esta historia es un **poquito** triste. Diese Geschichte ist ein bisschen traurig.

Die häufigsten Diminutiv-Endungen sind *-ito,-a* (manchmal auch als *-(e)cito,-a*) und *-ico,-a*.
Sie drücken nicht nur aus, dass etwas klein ist, sondern auch Gefühle wie z. B. Zärtlichkeit oder Bedauern und werden als Form der Höflichkeit verwendet, oder um etwas besonderen Nachdruck zu verleihen. Bei manchen Wörtern muss die Schreibung verändert werden, damit die Aussprache gleich bleibt.

➡ Als Ausländer /Ausländerin sollte man diese Formen nicht zu oft verwenden.

5. Aussprache

C vor *e* und *i* sowie *z* werden in Lateinamerika immer als [s] ausgesprochen. Dadurch klingen manche Wörter, die in Spanien deutlich unterschieden sind, gleich oder fast gleich.

Übersicht über die Formen der regelmäßigen Verben

Presente de indicativo (Ausgangsform: Präsensstamm)

habl**o**	com**o**	viv**o**
habl**as**	com**es**	viv**es**
habl**a**	com**e**	viv**e**
habl**amos**	com**emos**	viv**imos**
habl**áis**	com**éis**	viv**ís**
habl**an**	com**en**	viv**en**

Pretérito imperfecto de indicativo (Ausgangsform: Präsensstamm)

habl**aba**	com**ía**	viv**ía**
habl**abas**	com**ías**	viv**ías**
habl**aba**	com**ía**	viv**ía**
habl**ábamos**	com**íamos**	viv**íamos**
habl**abais**	com**íais**	viv**íais**
habl**aban**	com**ían**	viv**ían**

Pretérito perfecto/pluscuamperfecto de indicativo (*presente/pretérito imperfecto* von *haber + participio pasado*)

he/había	**hablado**	**comido**	**vivido**
has/habías			
ha/había			
hemos/habíamos			
habéis/habíais			
han/habían			

Pretérito indefinido (Ausgangsform: Präsensstamm)

habl**é**	com**í**	viv**í**
habl**aste**	com**iste**	viv**iste**
habl**ó**	com**ió**	viv**ió**
habl**amos**	com**imos**	viv**imos**
habl**asteis**	com**isteis**	viv**isteis**
habl**aron**	com**ieron**	viv**ieron**

Futuro simple (Ausgangsform: Infinitiv)

hablar**é**	comer**é**	vivir**é**
hablar**ás**	comer**ás**	vivir**ás**
hablar**á**	comer**á**	vivir**á**
hablar**emos**	comer**emos**	vivir**emos**
hablar**éis**	comer**éis**	vivir**éis**
hablar**án**	comer**án**	vivir**án**

Imperativo (2. Person)

Ausgangsform:	habl**a**	com**e**	viv**e**
Präsensstamm	habl**ad**	com**ed**	viv**id**
vgl.	no habl**es**	no com**as**	no viv**as**
subj. pres.	no habl**éis**	no com**áis**	no viv**áis**

Condicional simple (Ausgangsform: Infinitiv)

hablar**ía**	comer**ía**	vivir**ía**
hablar**ías**	comer**ías**	vivir**ías**
hablar**ía**	comer**ía**	vivir**ía**
hablar**íamos**	comer**íamos**	vivir**íamos**
hablar**íais**	comer**íais**	vivir**íais**
hablar**ían**	comer**ían**	vivir**ían**

Condicional compuesto (*condicional simple* von *haber + participio pasado*)

habría	**hablado**	**comido**	**vivido**
habrías			
habría			
habríamos			
habríais			
habrían			

Presente de subjuntivo (Ausgangsform: 1. Person Singular des *presente de indicativo*)

habl**e**	com**a**	viv**a**
habl**es**	com**as**	viv**as**
habl**e**	com**a**	viv**a**
habl**emos**	com**amos**	viv**amos**
habl**éis**	com**áis**	viv**áis**
habl**en**	com**an**	viv**an**

Pretérito imperfecto de subjuntivo (Ausgangsform: 3. Person Plural des *pretérito indefinido*)

habl**ara**	comie**ra**	vivie**ra**
habl**aras**	comie**ras**	vivie**ras**
habl**ara**	comie**ra**	vivie**ra**
habl**áramos**	comi**éramos**	vivi**éramos**
habl**arais**	comie**rais**	vivie**rais**
habl**aran**	comie**ran**	vivie**ran**

Pretérito perfecto/pluscuamperfecto de subjuntivo (*presente de subjuntivo/pret. imperfecto de subjuntivo* von *haber + participio pasado*)

haya/hubiera	**hablado**	**comido**	**vivido**
hayas/hubieras			
haya/hubiera			
hayamos/hubiéramos			
hayáis/hubierais			
hayan/hubieran			

Imperativo (3. Person/Höflichkeitsform)

vgl.	(no) habl**e**	(no) com**a**	(no) viv**a**
subj. pres.	(no) habl**en**	(no) com**an**	(no) viv**an**

Gerundio (Ausgangsform: Präsensstamm)

habl**ando**	com**iendo**	viv**iendo**

Unregelmäßige Verben

Die folgende Tabelle umfasst überblicksartig alle in *Línea uno* und *Línea dos* vorkommenden Unregelmäßigkeiten der Verbformen. Die aufgeführten Formen sind so gewählt, dass aus ihnen alle übrigen Verbformen abgeleitet werden können. Die Tabelle ist in drei Rubriken gegliedert:
1. Verben, deren Schriftbild sich ändert (meist, damit die Aussprache erhalten bleibt),
2. Verben mit Diphthongierung bzw. Vokaländerung im Stamm sowie
3. unregelmäßige Verben.
Formen, die von der regelmäßigen Bildung abweichen, sind farbig gedruckt. Auf S. 59 findet ihr eine Liste mit allen unregelmäßigen Verben aus *Línea uno* und *Línea dos*. Auch die in der Tabelle modellhaft konjugierten Verben sind dort noch einmal enthalten.

1. Verben mit Änderungen im Stammauslaut

	Presente de indicativo	Presente de subjuntivo	Pretérito indefinido	Futuro simple	Participio/Gerundio/Imperativo
1. abrazar	abrazo	abrace	abracé	abrazaré	P: abrazado
(z-c)	abrazas	abraces	abrazaste	abrazarás	G: abrazando
	abraza	abrace	abrazó	abrazará	I: abraza
	abrazamos	abracemos	abrazamos	abrazaremos	abrazad
	abrazáis	abracéis	abrazasteis	abrazaréis	
	abrazan	abracen	abrazaron	abrazarán	

Ebenso alle weiteren Verben, deren Infinitiv auf *-zar* endet.

2. buscar	busco	busque	busqué	buscaré	P: buscado
(c-qu)	buscas	busques	buscaste	buscarás	G: buscando
	busca	busque	buscó	buscará	I: busca
	buscamos	busquemos	buscamos	buscaremos	buscad
	buscáis	busquéis	buscasteis	buscaréis	
	buscan	busquen	buscaron	buscarán	

Ebenso alle weiteren Verben, deren Infinitiv auf *-car* endet.

3. coger	cojo	coja	cogí	cogeré	P: cogido
(g-j)	coges	cojas	cogiste	cogerás	G: cogiendo
	coge	coja	cogió	cogerá	I: coge
	cogemos	cojamos	cogimos	cogeremos	coged
	cogéis	cojáis	cogisteis	cogeréis	
	cogen	cojan	cogieron	cogerán	

Ebenso alle weiteren Verben, deren Infinitiv auf *-ger* endet.

4. destruir	destruyo	destruya	destruí	destruiré	P: destruido
(-y-)	destruyes	destruyas	destruiste	destruirás	G: destruyendo
	destruye	destruya	destruyó	destruirá	I: destruye
	destruimos	destruyamos	destruimos	destruiremos	destruid
	destruís	destruyáis	destruisteis	destruiréis	
	destruyen	destruyan	destruyeron	destruirán	

Ebenso alle weiteren Verben auf *-uir* mit Ausnahme derjenigen auf *-guir.*

	Presente de indicativo	Presente de subjuntivo	Pretérito indefinido	Futuro simple	Participio/Gerundio/Imperativo
5. distinguir	distingo	distinga	distinguí	distinguiré	P: distinguido
(gu-g)	distingues	distingas	distinguiste	distinguirás	G: distinguiendo
	distingue	distinga	distinguió	distinguirá	I: distingue
	distinguimos	distingamos	distinguimos	distinguiremos	distinguid
	distinguís	distingáis	distinguisteis	distinguiréis	
	distinguen	distingan	distinguieron	distinguirán	

Ebenso alle weiteren Verben, deren Infinitiv auf *-guir* endet.

6. exigir	exijo	exija	exigí	exigiré	P: exigido
(g-j)	exiges	exijas	exigiste	exigirás	G: exigiendo
	exige	exija	exigió	exigirá	I: exige
	exigimos	exijamos	exigimos	exigiremos	exigid
	exigís	exijáis	exigisteis	exigiréis	
	exigen	exijan	exigieron	exigirán	

Ebenso alle weiteren Verben, deren Infinitiv auf *-gir* endet.

7. leer	leo	lea	leí	leeré	P: leído
(-y-)	lees	leas	leíste	leerás	G: leyendo
	lee	lea	leyó	leerá	I: lee
	leemos	leamos	leímos	leeremos	leed
	leéis	leáis	leísteis	leeréis	
	leen	lean	leyeron	leerán	

Ebenso alle weiteren Verben, deren Infinitiv auf *-eer* endet.

8. llegar	llego	llegue	llegué	llegaré	P: llegado
(g-gu)	llegas	llegues	llegaste	llegarás	G: llegando
	llega	llegue	llegó	llegará	I: llega
	llegamos	lleguemos	llegamos	llegaremos	llegad
	llegáis	lleguéis	llegasteis	llegaréis	
	llegan	lleguen	llegaron	llegarán	

Und alle weiteren Verben, deren Infinitiv auf *-gar* endet.

9. vencer	venzo	venza	vencí	venceré	P: vencido
(c-z)	vences	venzas	venciste	vencerás	G: venciendo
	vence	venza	venció	vencerá	I: vence
	vencemos	venzamos	vencimos	venceremos	venced
	vencéis	venzáis	vencisteis	venceréis	
	vencen	venzan	vencieron	vencerán	

Ebenso alle weiteren Verben auf *-cer*, nicht jedoch diejenigen auf *-acer*, *-ecer* oder *-ocer*.

2. Gruppenverben

	Presente de indicativo	Presente de subjuntivo	Pretérito indefinido	Futuro simple	Participio/Gerundio/Imperativo
10. conocer (-zco)	conozco conoces conoce conocemos conocéis conocen	conozca conozcas conozca conozcamos conozcáis conozcan	conocí conociste conoció conocimos conocisteis conocieron	conoceré conocerás conocerá conoceremos conoceréis conocerán	P: conocido G: conociendo I: conoce conoced
11. contar (-ue-)	cuento cuentas cuenta contamos contáis cuentan	cuente cuentes cuente contemos contéis cuenten	conté contaste contó contamos contasteis contaron	contaré contarás contará contaremos contaréis contarán	P: contado G: contando I: cuenta contad
12. dormir (-ue-/-u-)	duermo duermes duerme dormimos dormís duermen	duerma duermas duerma durmamos durmáis duerman	dormí dormiste durmió dormimos dormisteis durmieron	dormiré dormirás dormirá dormiremos dormiréis dormirán	P: dormido G: durmiendo I: duerme dormid
13. elegir (-i-; g-j) (vgl. auch 6.)	elijo eliges elige elegimos elegís eligen	elija elijas elija elijamos elijáis elijan	elegí elegiste eligió elegimos elegisteis eligieron	elegiré elegirás elegirá elegiremos elegiréis elegirán	P: elegido G: eligiendo I: elige elegid
14. empezar (-ie-; z-c) (vgl. auch 1.)	empiezo empiezas empieza empezamos empezáis empiezan	empiece empieces empiece empecemos empecéis empiecen	empecé empezaste empezó empezamos empezasteis empezaron	empezaré empezarás empezará empezaremos empezaréis empezarán	P: empezado G: empezando I: empieza empezad
15. entender (-ie-)	entiendo entiendes entiende entendemos entendéis entienden	entienda entiendas entienda entendamos entendáis entiendan	entendí entendiste entendió entendimos entendisteis entendieron	entenderé entenderás entenderá entenderemos entenderéis entenderán	P: entendido G. entendiendo I: entiende entended
16. jugar (-ue-; g-gu) (vgl. auch 8.)	juego juegas juega jugamos jugáis juegan	juegue juegues juegue juguemos juguéis jueguen	jugué jugaste jugó jugamos jugasteis jugaron	jugaré jugarás jugará jugaremos jugaréis jugarán	P: jugado G: jugando I: juega jugad

	Presente de indicativo	Presente de subjuntivo	Pretérito indefinido	Futuro simple	Participio/Gerundio/Imperativo
17. mover	muevo	mueva	moví	moveré	P: movido
(-ue-)	mueves	muevas	moviste	moverás	G: moviendo
	mueve	mueva	movió	moverá	I: mueve
	movemos	movamos	movimos	moveremos	moved
	movéis	mováis	movisteis	moveréis	
	mueven	muevan	movieron	moverán	
18. pedir	pido	pida	pedí	pediré	P: pedido
(-i-)	pides	pidas	pediste	pedirás	G: pidiendo
	pide	pida	pidió	pedirá	I: pide
	pedimos	pidamos	pedimos	pediremos	pedid
	pedís	pidáis	pedisteis	pediréis	
	piden	pidan	pidieron	pedirán	
19. pensar	pienso	piense	pensé	pensaré	P: pensado
(-ie-)	piensas	pienses	pensaste	pensarás	G: pensando
	piensa	piense	pensó	pensará	I: piensa
	pensamos	pensemos	pensamos	pensaremos	pensad
	pensáis	penséis	pensasteis	pensaréis	
	piensan	piensen	pensaron	pensarán	
20. salir	salgo	salga	salí	saldré	P: salido
(-g-)	sales	salgas	saliste	saldrás	G: saliendo
	sale	salga	salió	saldrá	I: sal
	salimos	salgamos	salimos	saldremos	salid
	salís	salgáis	salisteis	saldréis	
	salen	salgan	salieron	saldrán	
21. seguir	sigo	siga	seguí	seguiré	P: seguido
(e-i; gu-g)	sigues	sigas	seguiste	seguirás	G: siguiendo
(vgl. auch 5.)	sigue	siga	siguió	seguirá	I: sigue
	seguimos	sigamos	seguimos	seguiremos	seguid
	seguís	sigáis	seguisteis	seguiréis	
	siguen	sigan	siguieron	seguirán	
22. sentir	siento	sienta	sentí	sentiré	P: sentido
(-ie-/-i-)	sientes	sientas	sentiste	sentirás	G: sintiendo
	siente	sienta	sintió	sentirá	I: siente
	sentimos	sintamos	sentimos	sentiremos	sentid
	sentís	sintáis	sentisteis	sentiréis	
	sienten	sientan	sintieron	sentirán	
23. traducir	traduzco	traduzca	traduje	traduciré	P: traducido
(-zco/-j-)	traduces	traduzcas	tradujiste	traducirás	G: traduciendo
	traduce	traduzca	tradujo	traducirá	I: traduce
	traducimos	traduzcamos	tradujimos	traduciremos	traducid
	traducís	traduzcáis	tradujisteis	traduciréis	
	traducen	traduzcan	tradujeron	traducirán	

3. Unregelmäßige Verben

	Presente de indicativo	Presente de subjuntivo	Pretérito indefinido	Futuro simple	Participio/Gerundio/Imperativo
24. abrir	regelmäßig, mit Ausnahme des Partizips				P: abierto
25. andar	ando	ande	anduve	andaré	P: andado
	andas	andes	anduviste	andarás	G: andando
	anda	ande	anduvo	andará	I: anda
	andamos	andemos	anduvimos	andaremos	andad
	andáis	andéis	anduvisteis	andaréis	
	andan	anden	anduvieron	andarán	
26. caer	caigo	caiga	caí	caeré	P: caído
	caes	caigas	caíste	caerás	G: cayendo
	cae	caiga	cayó	caerá	I: cae
	caemos	caigamos	caímos	caeremos	caed
	caéis	caigáis	caísteis	caeréis	
	caen	caigan	cayeron	caerán	
27. continuar	continúo	continúe	continué	continuaré	P: continuado
	continúas	continúes	continuaste	continuarás	G: continuando
	continúa	continúe	continuó	continuará	I: continúa
	continuamos	continuemos	continuamos	continuaremos	continuad
	continuáis	continuéis	continuasteis	continuaréis	
	continúan	continúen	continuaron	continuarán	
28. cubrir	regelmäßig, mit Ausnahme des Partizips				P: cubierto
29. dar	doy	dé	di	daré	P: dado
	das	des	diste	darás	G: dando
	da	dé	dio	dará	I: da
	damos	demos	dimos	daremos	dad
	dais	deis	disteis	daréis	
	dan	den	dieron	darán	
30. decir	digo	diga	dije	diré	P: dicho
	dices	digas	dijiste	dirás	G: diciendo
	dice	diga	dijo	dirá	I: di
	decimos	digamos	dijimos	diremos	decid
	decís	digáis	dijisteis	diréis	
	dicen	digan	dijeron	dirán	
31. escribir	regelmäßig, mit Ausnahme des Partizips				P: escrito
32. estar	estoy	esté	estuve	estaré	P: estado
	estás	estés	estuviste	estarás	G: estando
	está	esté	estuvo	estará	I: está
	estamos	estemos	estuvimos	estaremos	estad
	estáis	estéis	estuvisteis	estaréis	
	están	estén	estuvieron	estarán	
33. haber	he	haya	hube	habré	P: habido
	has	hayas	hubiste	habrás	G: habiendo
	ha	haya	hubo	habrá	I: ———
	hay (*es gibt*)	"	"	"	

	Presente de indicativo	Presente de subjuntivo	Pretérito indefinido	Futuro simple	Participio/Gerundio/Imperativo
	hemos habéis han	hayamos hayáis hayan	hubimos hubisteis hubieron	habremos habréis habrán	
34. hacer	hago haces hace hacemos hacéis hacen	haga hagas haga hagamos hagáis hagan	hice hiciste hizo hicimos hicisteis hicieron	haré harás hará haremos haréis harán	P: hecho G: haciendo I: haz haced
35. ir	voy vas va vamos vais van	vaya vayas vaya vayamos vayáis vayan	fui fuiste fue fuimos fuisteis fueron	iré irás irá iremos iréis irán	P: ido G: yendo I: ve id Imperfecto: iba
36. morir	wie 12. dormir, mit Ausnahme des Partizips				P: muerto
37. oír	oigo oyes oye oímos oís oyen	oiga oigas oiga oigamos oigáis oigan	oí oíste oyó oímos oísteis oyeron	oiré oirás oirá oiremos oiréis oirán	P: oído G: oyendo I: oye oíd
38. poder	puedo puedes puede podemos podéis pueden	pueda puedas pueda podamos podáis puedan	pude pudiste pudo pudimos pudisteis pudieron	podré podrás podrá podremos podréis podrán	P: podido G: pudiendo I: puede poded
39. poner	pongo pones pone ponemos ponéis ponen	ponga pongas ponga pongamos pongáis pongan	puse pusiste puso pusimos pusisteis pusieron	pondré pondrás pondrá pondremos pondréis pondrán	P: puesto G: poniendo I: pon poned
40. querer	quiero quieres quiere queremos queréis quieren	quiera quieras quiera queramos queráis quieran	quise quisiste quiso quisimos quisisteis quisieron	querré querrás querrá querremos querréis querrán	P: querido G: queriendo I: quiere quered
41. reír	río ríes ríe reímos reís ríen	ría rías ría riamos riáis rían	reí reíste rió reímos reísteis rieron	reiré reirás reirá reiremos reiréis reirán	P: reído G: riendo I: ríe reíd

	Presente de indicativo	Presente de subjuntivo	Pretérito indefinido	Futuro simple	Participio/Gerundio/Imperativo
42. resolver	wie 17. mover, mit Ausnahme des Partizips				P: resuelto
43. reunir	reúno reúnes reúne reunimos reunís reúnen	reúna reúnas reúna reunamos reunáis reúnan	reuní reuniste reunió reunimos reunisteis reunieron	reuniré reunirás reunirá reuniremos reuniréis reunirán	P: reunido G: reuniendo I: reúne reunid
44. romper	regelmäßig, mit Ausnahme des Partizips				P: roto
45. saber	sé sabes sabe sabemos sabéis saben	sepa sepas sepa sepamos sepáis sepan	supe supiste supo supimos supisteis supieron	sabré sabrás sabrá sabremos sabréis sabrán	P: sabido G: sabiendo I: sabe sabed
46. ser	soy eres es somos sois son	sea seas sea seamos seáis sean	fui fuiste fue fuimos fuisteis fueron	seré serás será seremos seréis serán	P: sido G: siendo I: sé sed Imperfecto: era
47. tener	tengo tienes tiene tenemos tenéis tienen	tenga tengas tenga tengamos tengáis tengan	tuve tuviste tuvo tuvimos tuvisteis tuvieron	tendré tendrás tendrá tendremos tendréis tendrán	P: tenido G: teniendo I: ten tened
48. traer	traigo traes trae traemos traéis traen	traiga traigas traiga traigamos traigáis traigan	traje trajiste trajo trajimos trajisteis trajeron	traeré traerás traerá traeremos traeréis traerán	P: traído G: trayendo I: trae traed
49. venir	vengo vienes viene venimos venís vienen	venga vengas venga vengamos vengáis vengan	vine viniste vino vinimos vinisteis vinieron	vendré vendrás vendrá vendremos vendréis vendrán	P: venido G: viniendo I: ven venid
50. ver	veo ves ve vemos veis ven	vea veas vea veamos veáis vean	vi viste vio vimos visteis vieron	veré verás verá veremos veréis verán	P: visto G: viendo I: ve ved Imperfecto: veía
51. volver	wie 17. mover, mit Ausnahme des Partizips				P: vuelto

4. Liste der Verben mit unregelmäßigen Formen

Die folgende Liste enthält alle Verben aus *Línea uno* und *Línea dos*, die unregelmäßige Formen haben. Bei jedem Verb wird das Verb aus den vorausgehenden Konjugationsmustern genannt, das die gleichen Unregelmäßigkeiten aufweist, zusammen mit der laufenden Nummer, unter der es in der Tabelle zu finden ist. So bedeutet z. B.: «utilizar → 1. abrazar»: *utilizar* wird ebenso konjugiert wie *abrazar*, das an erster Stelle der Tabelle steht. Wenn nur eine Nummer genannt ist, heißt das, dass das Verb in der Tabelle als Muster ausgeführt ist. Verben, die nicht zum Lernwortschatz gehören oder in einer nicht für alle Bundesländer verpflichtenden Lektion enthalten sind, sind mit ‹ › gekennzeichnet.

abrazar → 1.
abrir → 24.
acercarse → 2. buscar
acoger → 3. coger
acordarse → 11. contar
acostarse → 11. contar
‹actuar → 27. continuar›
‹analizar → 1. abrazar›
andar → 25.
aparecer → 10. conocer
apetecer → 10. conocer
‹apretarse → 19. pensar›
aprobar → 11. contar
arrancar → 2. buscar
atraer → 48. traer
avanzar → 1. abrazar
buscar → 2.
‹cabalgar → 8. llegar›
caer → 26.
caracterizar(se) → 1. abrazar
castigar(se) → 8. llegar
‹cegar → 19. pensar + 8. llegar›
cercar → 2. buscar
chocar → 2. buscar
coger → 3.
componerse → 39. poner
comunicarse → 2. buscar
confiar → 27. continuar
conocer → 10.
conseguir → 21. seguir
‹construir → 4. destruir›
contar → 11.
‹contener → 47. tener›
continuar → 27.
‹convencer → 9. vencer›
convertirse → 22. sentir
‹corregir → 13. elegir›
costar → 11. contar
crecer → 10. conocer
‹criar → 27. continuar›
criticar → 2. buscar
cruzar → 1. abrazar
cubrir → 28.
dar → 29.
decir → 30.
dedicar(se) → 2. buscar
defender → 15. entender
demostrar → 11. contar
desaparecer → 10. conocer
desconfiar → 27. continuar
‹desconocer → 10. conocer›
describir → 31. escribir
descubrir → 28. cubrir
despedirse → 18. pedir
despertarse → 19. pensar
‹destacar → 2. buscar›
destruir → 4.
‹detener → 47. tener›
devolver → 51. volver
dirigir(se) → 6. exigir
distinguir → 5.
divertirse → 22. sentir
doler → 17. mover
dormir → 12.
elegir → 13.
embarcar → 2. buscar
empezar → 14.
encender → 15. entender
encontrar → 11. contar
enfurecerse → 10. conocer
entender → 15.
enterrar → 19. pensar
‹entregar → 8. llegar›
‹entrelazarse → 1. abrazar›
enviar → 27. continuar
‹equivocarse → 2. buscar›
escribir → 31.
‹esquiar → 27. continuar›
estar → 32.
exigir → 6.
explicar → 2. buscar
‹extraer → 48. traer›
‹fiarse → 27. continuar›
‹finalizar → 1. abrazar›
‹gozar → 1. abrazar›
haber → 33.
hacer → 34.
hay → 33. haber
huir → 4. destruir
‹identificar → 2. buscar›
‹incluir → 4. destruir›
‹indicar → 2. buscar›
‹introducir → 23. traducir›
ir → 35.
jugar → 16.
‹justificar → 2. buscar›
‹lanzarse → 1. abrazar›
leer → 7.
llegar → 8.
llover → 17. mover
‹mantener → 47. tener›
‹marcar → 2. buscar›
‹mentir → 22. sentir›
merecer → 10. conocer
morir → 36.
mostrar(se) → 11. contar
mover → 17.
nacer → 10. conocer
obtener → 47. tener
ofrecer → 10. conocer
oír → 37.
oponer → 39. poner
organizar → 1. abrazar
pagar → 8. llegar
parecer → 10. conocer
pedir → 18.
pensar → 19.
perder → 15. entender
perseguir → 21. seguir
‹pescar → 2. buscar›
poder → 38.
poner → 39.
poseer → 8. leer
‹practicar → 2. buscar›
preferir → 22. sentir
probar → 11. contar
‹producir → 23. traducir›
‹promover → 17. mover›
proponer → 39. poner
proteger → 3. coger
publicar → 2. buscar
querer → 40. entender
realizar → 1. abrazar
recoger → 3. coger
recomendar → 19. pensar
reconocer → 10. conocer
‹reconstruir → 4. destruir›
‹recordar → 11. contar›
‹redescubrir → 28. cubrir›
reducir → 23. traducir
‹reemplazar → 1. abrazar›
‹reescribir → 31. escribir›
‹referirse → 22. sentir›
reír → 41.
repetir → 18. pedir
‹requerir → 22. sentir›
resolver → 42.
reunir → 43.
‹rezar → 1. abrazar›
romper → 44.
saber → 45.
sacar → 2. buscar
salir → 20.
seguir → 21.
‹sembrar → 19. pensar›
sentarse → 19. pensar
sentir → 22.
ser → 46.
servir → 18. pedir
‹significar → 2. buscar›
‹simbolizar → 1. abrazar›
‹situar → 26.continuar›
‹sonar → 11. contar›
soñar → 11. contar
sonreír → 41. reír
‹sustituir → 4. destruir›
tener → 47.
tocar → 2. buscar
traducir → 23.
traer → 48.
tragar → 8. llegar
‹tranquilizar → 1. abrazar›
utilizar → 1. abrazar
‹variar → 27. continuar›
vencer → 9.
venir → 49.
ver → 50.
verificar → 2.buscar
vestirse → 18. pedir
‹volar → 11. contar›
volver → 51.

Index

Deutsch-spanisches Verzeichnis grammatischer Ausdrücke

Ableitung *(Wortbildung)*	la derivación	*informar→información;*
ableiten	derivar	*fácil→fácilmente*
Adjektiv (vgl. attributives, prädikatives ~)	el adjetivo	*correcto,-a; bueno,-a; normal*
Adverb	el adverbio	*correctamente; bien; aquí; hoy*
adverbiale Bestimmung	el complemento circunstancial	
– des Orts	– de lugar	*Mi madre trabaja en una oficina.*
– der Zeit	– de tiempo	*Vamos a la playa el sábado.*
adverbialer Nebensatz (s. finaler, kausaler, konzessiver Nebensatz)	la subordinada adverbial	
Akzent	el acento	
Akzentzeichen	el acento ortográfico	*alemán; él; tú; ¿quién?*
Betonung	el acento prosódico	[ale'man]; [ale'manes]; [popu'lar]
Akzentverschiebung	el cambio de acento	*continuar→continúo*
Anlaut (vgl. Auslaut)	el sonido inicial	['ora]; [inkre'ible]; [dos]; [bil'ßao]
Apokope	el apócope *(f)*	*bueno,-a→un buen restaurante*
Artikel	el artículo	
bestimmter Artikel	el artículo determinado	*el día; la hora; los días; las horas*
unbestimmter Artikel	el artículo indeterminado	*un día; una hora*
attributives Adjektiv	el adjetivo atributivo	*una casa vieja; un jersey sucio*
Auslaut (vgl. Anlaut)	el sonido final	['ora]; [inkre'ible]; [dos]; [bil'ßao]
Ausruf	la exclamación	*¡Qué rollo!; ¡Atención!*
Ausrufezeichen	los signos de admiración	¡ !
Aussprache	la pronunciación	
Bedingungssatz	la oración condicional	
realer ~	la ~ ~ de indicativo	*Llama si te gusta la idea.*
irrealer ~	la ~ ~ de subjuntivo	*Si tuviera tiempo, lo haría. Si hubiera tenido tiempo, lo habría hecho.*
Begleiter	el determinante	*estos/mis/algunos/qué libros*
bejahte Formen (↔ verneinte Formen)	las formas afirmativas	*también↔tampoco; algo↔nada; alguno↔ninguno*
Demonstrativbegleiter	el determinante demostrativo	*este/ese/aquel supermercado; estas/esas/aquellas bicicletas*
Demonstrativpronomen	el pronombre demostrativo	*¿Qué pan? —Éste. Eso es todo.*
Diphthong (vgl. Vokal)	el diptongo	[ai], [ei], [au], [ja], [je], [wa], [we], ...
Diphthongierung	la diptongación	*pensar→pienso; volver→vuelven*
Endung (vgl. Stamm)	la terminación, la desinencia	*hablar; hablo; hablando; conocido;*
endungsbetonte Formen	las formas acentuadas en la desinencia	*pensar, pensamos, pensáis, pensando, pensado, pensé, ...*
Femininum	el (género) femenino	*(una) chica; (una) ciudad; (la) fruta*
finaler Nebensatz	la subordinada final	*Lo he dicho para que lo sepáis.*
Frageadverb	el adverbio interrogativo	*¿dónde?; ¿adónde?; ¿de dónde?; ¿cuándo?; ¿cómo?; ¿por qué?*
Fragebegleiter	el determinante interrogativo	*¿qué ciudad(es)? ¿cuánta agua?*
Fragepronomen	el pronombre interrogativo	*¿Qué haces?; ¿Quién es?; ¿Cuál cojo?*
Fragezeichen	los signos de interrogación	¿ ?

Futur	el futuro	*Vamos a ir. Lo harás.*
Genus (vgl. Maskulinum, Femininum)	el género	
Grundzahl (vgl. Ordnungs~)	el número cardinal	*uno, dos, tres, cuatro, cinco, seis, …*
Hauptsatz (vgl. Nebensatz)	la oración principal	*Tengo un trabajo que me gusta.*
Hilfsverb	el verbo auxiliar	*querer* (+Infinitiv); *estar* (+*gerundio*); *haber/ser* (+ Partizip Perfekt)
Imperativ	el imperativo	
bejahter Imperativ	el imperativo afirmativo	*¡Mira!; ¡Volved! ¡Pague! ¡Salgan!*
verneinter Imperativ	el imperativo negativo	*No mires. No volváis. No salga(n).*
indefiniter Begleiter	el determinante indefinido	*mucha/bastante/demasiada gente*
indefinites Pronomen	el pronombre indefinido	*¿Cuántos sois? —Somos muchos/pocos/bastantes/demasiados.*
Indikativ (vgl. Konjunktiv)	el indicativo	*hago, eras, puso, dirás, habéis visto*
indirekte Rede	el estilo indirecto	*Dice que vendrá. Decía que vendría.*
Infinitiv	el infinitivo	*hablar, vivir, ser, decir*
kausaler Nebensatz	la subordinada causal	*No vino porque estaba enfermo.*
Komma	la coma	
Komparativ	el comparativo	
– höheren Grades	– de superioridad	*Soy más alto que tú.*
– niedrigeren Grades	– de inferioridad	*Eres menos alto que yo.*
– der Gleichheit	– de igualdad	*Él es tan alto como ella.*
Konditional	el condicional	*diría, querríamos; habría hecho*
Konjugation	la conjugación	*hablar: hablo, hablas, habla, …*
Konjunktion	la conjunción	*y; o; cuando; que; si; sino (que)*
Konjunktiv (vgl. Indikativ)	el subjuntivo	*hable, tengan; hablara; tuvieran …*
Konsonant (vgl. Vokal)	la consonante	[b], [β], [tʃ], [k], [θ], [d], [ð], [x], [g], …
konzessiver Nebensatz	la subordinada concesiva	*Lo haremos aunque no lo quieras.*
Laut	el sonido	
Maskulinum	el (género) masculino	*(un) chico; (un) río; (el) dinero*
Modus (s. Indikativ, Konjunktiv)	el modo	
Nebensatz (s. Relativsatz, Objektsatz, adverbialer ~)	la oración subordinada	*Tengo un trabajo que me gusta. Ellos piensan que es tonto.*
neutrales Pronomen	el pronombre neutro	*¿Qué vas a hacer? —No lo sé.*
Nomen	el sustantivo	*museo, persona, dinero, agua*
Numerus (s. Singular, Plural)	el número	
Objekt	el complemento	
direktes Objekt	el complemento directo	*Juan pasa el folleto a Pedro.*
indirektes Objekt	el complemento indirecto	*Juan pasa el folleto a Pedro.*
Objektpronomen	el pronombre personal de complemento	*No me/te/le/nos/os/les gusta. No te/lo/la/os/los/las conozco.*
Objektsatz	la subordinada de complemento	*Ellos piensan que es tonto. Me alegro de que lo hayas hecho.*
Ordnungszahl (vgl. Grund~)	el número ordinal	*primero,-a, segundo,-a, tercero,-a …*
Partizip Perfekt	el participio pasado	*hablado; tenido; visto; hecho*
Passiv	la pasiva	*Esta iglesia fue construida en 1234.*
Person	la persona	
erste/zweite/dritte ~	la primera/segunda/tercera persona	*yo soy; nosotros somos/tú eres; vosotras sois/ella es; ellos son*
Personalpronomen (vgl. Subjekt-, Objektpronomen)	el pronombre personal	*yo, tú, él, ella, nosotros,-as, …, me, te, le, la, lo, nos, …*
redundantes ~	el ~ ~ redundante	*Le puedo preguntar a la profesora.*